8° R
27836

MAURICE NEESER

DOCTEUR EN THÉOLOGIE

# Le Problème de Dieu

L'homme bégaie toujours quand il parle de Dieu.

*Fénélon.*

ATTINGER FRÈRES, ÉDITEURS

PARIS
2, rue Antoine-Dubois

NEUCHATEL
7, Place A.-M. Piaget

# LE PROBLÈME DE DIEU

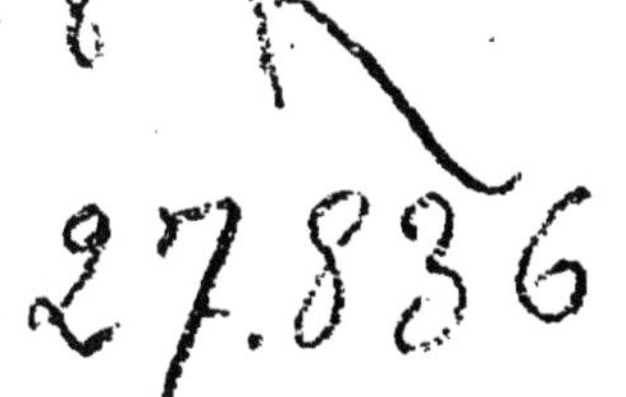
R 27.836

## DU MÊME AUTEUR

---

**L'expression logique de l'expérience religieuse,** à propos de la pensée dogmatique de MM. A. Sabatier, A. Gretillat et A. Bouvier; brochure extraite de la *Revue de Théologie et de Philosophie;* Lausanne 1908, non mise en librairie.

**La religion hors des limites de la raison,** traits principaux d'une philosophie de la religion sur les bases du kantisme. Attinger Frères, 1911. Fr. 5.

**La tradition et l'expérience religieuse.** Association chrétienne d'Étudiants. Lausanne, Imprimerie La Concorde, 1912. Fr. 0.60.

**La part de Dieu à la guerre.** Association chrétienne d'Étudiants. Lausanne, Imprimerie La Concorde, 1915. Fr. 0.70.

---

MAURICE NEESER
DOCTEUR EN THÉOLOGIE

# Le Problème de Dieu

N 233741

> L'homme bégaie toujours quand il parle de Dieu.
>
> *Fénélon.*

ATTINGER FRÈRES, ÉDITEURS

PARIS | NEUCHATEL
2, rue Antoine-Dubois | 7, Place A.-M. Piaget

*A ma chère femme, la compatissante.*

# AVANT-PROPOS

Ce petit livre, composé de juin 1912 à juin 1914, allait paraître, quand la guerre éclata. La prudence conseillait d'attendre, pour en reprendre l'édition, le moment où se calmeraient les derniers remous de la tempête, maintenant encore en plein déchaînement... Le voici. S'il était contre toute vérité il échouerait, même en des circonstances moins défavorables. Et sinon, peut-être contribuera-t-il, aux yeux de quelques-uns, à verser un peu de lumière sur le problème éternel, dont quelques-uns peuvent être encore préoccupés, et dont les événements actuels ne modifient ni la donnée, ni la solution : problème du sens même de la vie. Ma peine en serait largement récompensée.

La Brévine, septembre 1915.

# INTRODUCTION

---

## LE PROBLÈME DEVANT LA PENSÉE

### LA DÉMONSTRATION ET LA CROYANCE

> Il est certain que Dieu est, ou qu'il n'est pas... Par raison vous ne pouvez assurer ni l'un ni l'autre ; par raison vous ne pouvez nier aucun des deux. PASCAL.

> Dans le champ de la connaissance spéculative, la raison humaine ne favorise ni le partisan ni l'adversaire de la réalité de l'idée de Dieu : c'est l'arène de tournois sans issue. KANT.

### I. DEVANT LA SCIENCE MATHÉMATIQUE ET PHYSIQUE. L'ÉCHEC DE LA DÉMONSTRATION.

Si l'on entend par démonstration — et c'est en ce sens que nous prenons le terme — la preuve de portée générale, devant laquelle tous se voient contraints à s'incliner, et dont la déduction mathématico-physique réalise l'inimitable exemple, l'existence d'un Dieu n'est pas démontrée. Malgré l'effort des philosophes qui de Platon à Descartes et au delà par dessus Kant ont tenté l'aventure, il y a eu de tout temps, il y a encore chez les intellectuels mêmes que la preuve devrait toucher, des sceptiques, voire des athées. Bien plus, de ce point de vue il y en aura toujours, car — nul en dehors de l'orthodoxie catholique n'a sérieusement songé à réfuter Kant sur ce point — l'existence d'un Dieu n'est pas démontrable.

Si la pensée d'autrefois put se faire illusion là-dessus, c'est grâce à une insuffisante connaissance des conditions de la démonstration. Elle n'en omit pas toujours l'élément intuitif, apport de l'expérience. Le syllogisme, son instrument de prédilection, suppose en général dans sa mineure un témoignage fourni par l'observation et, de ce témoignage, les prétendues preuves tirées de l'existence et de l'ordonnance du monde entendent bien tenir compte. Mais, ne se doutant pas qu'il devait faire la vraie force de la conclusion, ni à plus forte raison que peut-être il pouvait suffire à la conviction, indépendamment du raisonnement dont il faisait la matière, elle l'accueillit sans contrôle suffisant. Même elle pensa, à l'occasion, pouvoir s'en passer et éleva sur les seules ressources de la dialectique l'édifice de l'argument rationnel pur. Elle avait confiance en la raison. Le critère de la réalité c'était, pour elle, l'évidence logique, la clarté formelle résultant de l'heureux fonctionnement du syllogisme. Une revue rapide des principales d'entre les « preuves » traditionnelles suffira à rappeler la faiblesse de cette position. Négligeant la chronologie de leur apparition, qui est sans importance pour notre propos, allons d'abord à celle où la tendance donne son suprême effort et épanouit ses dernières conséquences,

LA PREUVE RATIONNELLE PURE, ou argument ontologique. Exprimée pour la première fois au moyen âge par

Anselme de Cantorbury, reprise entre autres par toute l'école cartésienne, puis par l'idéalisme hégélien, en voici l'expression la plus simple : L'existence est un attribut de l'idée de perfection divine ; cette idée est, puisqu'elle est en moi ; donc Dieu existe.

Le raisonnement emprunte au domaine de l'expérience un minimum près de se réduire à rien ; il se borne dans sa mineure à constater la présence dans l'esprit humain de l'idée de perfection divine, et cette présence était déjà impliquée dans la définition initiale : il est bien évident que j'ai l'idée de la perfection de Dieu puisque j'en parle. Tout le poids de l'argument pèse donc sur la définition de cette idée : elle comprendrait au nombre de ses attributs l'existence elle-même. S'il y avait des degrés dans la perfection, disait en substance Anselme, il faudrait accorder le plus élevé à l'idée de Dieu. Mais si ce degré suprême de la perfection n'existait qu'en idée, dans l'intellect — et c'est ce que le langage habituel appelle ne pas exister — j'en pourrais concevoir un plus haut, celui de la perfection qui existerait au sens sérieux du terme, dans la réalité. La perfection qui existe n'est-elle pas plus parfaite, si l'on peut dire, que la perfection qui n'est que pensée ? Si donc Dieu est, et il est par définition l'être parfait, on ne saurait le concevoir sans le concevoir aussitôt et par là-même comme existant.

Qu'on y prenne garde, l'argument ne postule l'union de l'existence et de l'essence qu'en Dieu. Il n'y a « autre chose que Dieu seul à l'essence de laquelle l'existence appartienne avec nécessité ». Ce qui fait la contingence des choses, c'est que leur existence se distingue de leur notion alors que « c'est précisément cette unité de la notion et de l'être qui constitue Dieu ». Descartes (Méditation V) et Hegel (Logique, trad. Véra, p. 302) insistaient sur un point qu'Anselme considérait comme impliqué dans la donnée même du problème pour répondre à la principale des objections qui se présentèrent bientôt. Si la notion de la plus grande perfection implique l'existence, remarqua le moine Gaunilo, contemporain d'Anselme, il faut de toute nécessité que l'île que je m'amuse à concevoir « pleines de délices et telle qu'on n'en peut concevoir une plus belle... existe en réalité. Si une telle île n'existait pas en réalité, j'en pourrais concevoir une plus belle encore, à savoir une île qui existerait réellement ». L'existence ne rentre pas dans la définition de la chose, poursuivit Kant, après Gassendi. Il ne suffit pas d'analyser l'idée de cent thalers pour en faire sortir l'existence de cent thalers. L'existence est une détermination qui s'ajoute à une idée de l'extérieur, pour la faire passer du domaine de la logique à celui de la réalité... Hegel trouvait ces comparaisons barbares. Il faut les reconnaître en tout cas impertinentes. Elles ne portent pas, parce qu'elles dénaturent la présupposition initiale, où il ne s'agit pas de comprendre l'existence dans la notion d'un *objet quelconque* (Kant, Gassendi), ni même dans la notion d'un *objet parfait quelconque* (Gaunilo), mais dans la seule notion de perfection en Dieu.

Faisons donc à l'argument cette justice de le considérer dans ce qu'il veut faire : mettre à part une idée, une seule, un mot, un seul et, parce que ce sont l'idée de perfection suprême et le vocable *Dieu* leur reconnaître, à eux seuls, la puissance de ne pouvoir être pensés sans impliquer l'être de l'Être qu'ils désignent ; distinguer Dieu du monde de l'expérience, lui attribuer le privilège unique de représenter l'identité du logique et du réel, voilà sa véritable intention. Une objection capitale subsiste d'ailleurs. Elle consiste à demander non pas si l'idée de Dieu ou de perfection infinie est en nous, comme le faisait Gaunilo et à sa suite certains modernes — c'est encore une façon de méconnaître l'énoncé de la preuve, — mais si l'idée de perfection divine *telle qu'elle est définie dans cet énoncé, c'est-à-dire impliquant l'être,* existe dans l'esprit. Or on ne peut douter que certains l'aient connue telle : ils l'affirment. Nous ne convaincrons ni Anselme, ni Descartes, ni Fénelon, ni Leibniz, ni Hegel, ni les spiritualistes français du commencement du XIX^e^ siècle, ni aucun de ceux qui les comprirent et qui les suivirent de n'avoir point pensé ce qu'ils disent avoir pensé. Mais il faudrait, pour que l'argument eût force de preuve, l'*unanimité* de la pensée sur ce point, la présence non dans quelques esprits seulement mais dans tous les esprits qui pensent de la notion ontologique de Dieu. Il s'en faut que cette universalité existe. Et dès lors nous ne dirons point certes que l'argument ait perdu toute force. Si Hegel, en recueillant les débris épars sur le champ de bataille de la critique kantienne, en fait l'objet d'une réflexion qui ne prétend plus être syllogisme en vue d'une connaissance irréfutable, mais « élévation de l'esprit » vers la « science immédiate » ou « croyance » à la Jacobi, c'est-à-dire vers la foi ; si c'est dans les limites de cette dernière que l'on maintient le mouvement de l'esprit par lequel il va de la pensée de Dieu à son existence, il sera loisible à chacun d'y consentir au gré de son sentiment personnel. Il est normal, nous le verrons dans la suite, que la croyance ne puisse concevoir Dieu sans le concevoir existant et que l'être agissant soit pour elle le commencement, le centre et la fin de l'idée de Dieu; que, en quoi qu'elle affirme de Dieu, elle affirme en même temps qu'il est... Seulement la croyance, si appuyée soit-elle, n'est pas la connaissance démontrée et l'argument, de ce point de vue, devait échouer.

★

Dans le domaine de la connaissance générale on ne peut confondre l'idée et la réalité; il y demeure entendu que l'essence n'implique pas l'existence, et que l'on passe de l'une à l'autre non par voie d'analyse mais par voie de synthèse : en confrontant dans l'expérience l'idée et la réalité. Que l'on admette l'une ou l'autre des grandes thèses philosophiques sur leur rapport réciproque — spiritualisme, matérialisme traditionnels, ou criticisme — il faut reconnaître que le monde n'est pas plus tout idée qu'il n'est tout chose, qu'il est chose et idée, à la fois esprit et matière. Et le critère de l'existence démontrée, pour les modernes, ce n'est pas la présence de la chose brute, mais ce n'est pas non plus la simple clarté de l'idée, c'est une certaine adéquation de l'idée et de la chose, l'idée réalisée dans et par la chose observée.

Il faut donc à la raison pour qu'elle puisse démontrer un apport de l'expérience. Pour n'être pas frappé de stérilité son syllogisme présentera, outre une définition correcte dans sa majeure, dans sa mineure un cas particulier choisi dans la réalité, une *intuition* de la réalité. Et il lui faudra de la réalité, ajoutons-le tout de suite, l'intuition mathématico-physique ou scientifique au sens le plus strict du mot. Pourquoi ? L'intuition mathématico-physique du monde n'est pas la seule possible certes, puisqu'elle n'est pas la seule existante ; elle n'est pas la plus fréquente ni la plus naturelle. On sait que les choses ne revêtent pas d'emblée à la vue de l'homme l'aspect qu'elle leur donne ; elle ne se présente à l'esprit qu'*indirectement*, par le détour d'une réflexion particulière, par la découverte patiente dans la réalité, d'aucuns disent par application à la réalité des formes et des lois de l'espace et du temps mesurables. En concurrence avec elle subsistent les intuitions *vulgaires*, par quoi il faut entendre sans préjuger de leur valeur les représentations du monde plus fréquentes, plus ou moins élaborées encore mais toutes plus directes, les conceptions esthétiques, morales, religieuses de l'univers. Et il est possible que celles-ci, dont la pensée pragmatiste relève de nos jours si brillamment l'importance donnent du monde [nature expériencée] une vue plus riche et plus agréable à la sensibilité, ou une interprétation plus conforme aux postulats de la conscience ou aux désirs du cœur, que celle de la science [nature expérimentée]; nul ne contestera que cette dernière, réduite au dessin des mesures ou des schèmes de la physique mathématique ne soit singulièrement grêle et sèche, fort éloignée en apparence de l'abondance complexe de son objet ; nous découvrirons peut-être qu'elle n'est pas plus vraie que les premières ou que les premières ne sont pas moins vraies qu'elle. Ce que chacun reconnaîtra en revanche, c'est que les intuitions de l'ordre direct peuvent différer et diffèrent entre elles dans la variété de leurs expressions, et que, si elles plaisent à la fantaisie, si elles en imposent à la conscience, elles se partagent les goûts et les suffrages. Je puis appuyer sur l'une d'elles un raisonnement qui vaudra pour moi et pour quelques-uns peut-être qui la partageront avec moi, mais qui ne sera point contraignant pour d'autres parce que, en esthétique, en morale ou en religion, ils verront autrement ou que, peut-être, ils ne verront rien du tout. Telle qu'elle est, dans la précision sévère de ses contours, et bien sûr grâce à cette précision même, l'intuition scientifique stricte est la seule où le monde — si appauvri que l'on voudra — apparaisse nécessairement à toutes les intelligences adultes sous le même aspect. Voilà pourquoi, quand elle veut démontrer l'existence d'un objet, c'est-à-dire la rendre évidente à *tous*, la raison s'appuie sur l'intuition scientifique et ne peut s'appuyer que sur elle.

Et l'on voit dès à présent la cause de l'irrémédiable échec auquel sont vouées à leur tour, plus sûrement que l'argument rationnel pur

LES PREUVES SEMI RATIONNELLES, celles qui voudront appuyer le raisonnement sur une intuition du monde. Elles vont s'embarrasser dans le dilemme suivant : Ou bien l'élément de réalité choisi sera l'intuition directe —

l'argumentation traditionnelle ne se préoccupera pas même de faire le départ entre l'élément proprement religieux et les éléments esthétique ou éthique dont elle peut être composée — l'une quelconque des intuitions directes, et plus ou moins primitive ou plus ou moins élaborée de la nature, et la démonstration ne vaudra que pour ceux qui reconnaissent la valeur de la dite intuition ; elle ne sera pas nécessairement générale ; elle ne sera pas une démonstration. Ou bien il s'agira de cette vision au travers des formes et formules de la physique à laquelle amène la pratique de la science : elle n'a plus rien de personnel ; elle est, en principe à tout le moins, d'une généralité parfaite, et ce qu'elle permet de démontrer, elle le démontre à tous, c'est dire qu'elle autorise la démonstration. Seulement, ce qu'elle démontrera, ce ne sera pas Dieu, ce sera le monde ou un aspect du monde, et celui précisément où Dieu paraît le moins nécessaire au monde. Avant Kant, nul ne paraît avoir avisé cette distinction capitale[1], et cette confusion valut à l'argumentation semi-rationnelle, vieille comme la pensée, d'être constamment reprise sans prévaloir jamais. Passons-en brièvement en revue les principales manifestations, en distinguant, par égard pour la tradition, entre les preuves tirées de la nature et les preuves tirées de l'esprit humain. Les premières reviennent soit à l'argument de la contingence (preuve cosmologique, par la cause efficiente), soit à l'argument de la finalité (preuve téléologique, par la cause finale).

[1] Sauf peut-être Descartes, qui put s'en douter sans le dire : à noter qu'il a résolument écarté les arguments cosmologique et téléologique.

*Argument de la contingence.* — Platon lui donna sa première forme philosophique connue. Aristote insista sur la célèbre variante du mouvement, reprise de nos jours encore. En voici l'expression la plus générale : le contingent est, par définition, ce qui peut ne pas être et qui, pour être, a besoin d'une cause ; il existe de la contingence dans le monde, le monde lui-même en son ensemble est contingent ; il faut en conclure à l'existence d'une cause qui l'a fait naître, qui est Dieu.

La définition, simple convention verbale, est irréfutable. Mais que faut-il penser de l'élément d'observation impliqué dans la mineure : il existe de la contingence ? La contingence telle qu'elle a été définie existe-t-elle dans la réalité ? Selon que l'on interrogera l'intuition directe ou l'intuition scientifique, la réponse différera.

L'intuition populaire du monde y voit volontiers partout de la contingence. Elle est plus frappée de l'extraordinaire qui éclate à ses yeux dans telle manifestation imprévue de la nature que du cours régulier de lois qu'elle ignore. Elle constate ce qu'elle appelle le miracle, et elle l'étend volontiers à l'existence de l'univers entier. Il lui paraît inadmissible que rien naisse de rien et très normal que l'œuvre suppose l'ouvrier. Et poursuivant jusqu'en ses dernières exigences l'analogie qu'elle établit ainsi entre la nature et l'industrie humaine, elle répète avec Voltaire :

> L'univers m'embarrasse, et je ne puis songer
> Que cette horloge existe et n'ait point d'horloger.

Elle conclut donc à l'existence d'un créateur extérieur au monde qu'il a tiré du néant, et dans le mécanisme duquel il intervient à l'occasion. Cette vision, dont les détails diffèrent d'ailleurs grandement selon le degré de culture des « voyants » — et sous les variétés de laquelle il s'agirait de distinguer le vrai sens religieux — est-elle dénuée de tout fondement ? Ce qu'il faut reconnaître ici, c'est que, précisément, elle se présente de façon très diverse et que sous aucune de ses formes elle n'est demeurée incontestée.

L'intuition scientifique serait générale ou capable de généralité, mais elle ne souffre aucun élément de contingence, ni dans l'existence des faits de détail ni dans celle du tout. Les faits particuliers, quels qu'ils soient, elle travaille à les rattacher à d'autres dans la chaîne ininterrompue des causes et des effets nécessaires. Elle travaille à rattacher, c'est trop peu dire. Elle ne voit, elle ne saisit les faits particuliers que dans leur rapport avec d'autres et dans ce rapport étendu de proche en proche à tout l'univers. Quant au tout, quelle nécessité y a-t-il qu'il ait un commencement dans le temps ou l'espace, et comment le concevoir ? Dans le monde ainsi considéré, la cause suprême, le Dieu créateur n'a point de lieu, à moins qu'on ne nomme Dieu le monde lui-même.

Ainsi, qu'il puise ses matériaux dans l'intuition directe ou dans l'intuition scientifique de la réalité, l'argument tiré de la contingence échoue fatalement : ou il ne démontre pas, ou il démontre un Dieu qui n'est que le monde.

*L'argument de la finalité* prétend compléter le précédent et conclure de l'existence de l'ordre ou de l'intention (esthétique ou morale) dans les faits à l'intelligence de la cause. De tous le plus ancien, puisque l'histoire de la philosophie en retrouve les traces dans Anaxagore, le plus apte à frapper l'esprit, il a joué un très grand rôle dans la théodicée de tous les temps : L'ordre, dans le cas particulier, est entendu au sens populaire d'arrangement méthodique introduit entre des élements qui, d'eux-mêmes, en seraient privés. Il y a de l'ordre dans le monde; il en faut conclure à l'existence d'un auteur de l'ordre et conférer au Créateur la dignité de l'intelligence ordonnatrice.

A part la question de savoir si elle interprète heureusement le sentiment religieux, il n'y a rien à dire de la définition initiale; elle prend la notion d'ordre en son acception la plus habituelle et n'est que simple analyse. Mais la mineure est-elle bien établie : existe-t-il, en dehors du champ de l'activité humaine de l'ordre ainsi défini ? Je veux, si tel est le cas, admettre la conclusion et m'incliner devant l'ordonnateur. Mais est-ce le cas ? Oui, répondra l'intuition populaire. Non, dira l'intuition scientifique.

Il est inutile d'insister sur les modalités de la première. On connaît les analogies dont ont aimé à se servir les penseurs qui l'ont exposée. Elles sont tirées des divers domaines de l'industrie ou de l'art humain. Le monde est un chantier excellemment disposé en vue du travail de l'homme. Voyez le soleil, écrivait complaisamment Fénelon *(De l'existence de Dieu)* : plus voisin de nous, il embraserait le monde, plus éloigné, la terre serait toute glacée et inhabitable. Voyez la terre : plus dure l'homme ne pourrait la cultiver, moins dure elle ne pourrait le porter ; voyez l'eau et l'air : l'eau un peu plus raréfiée, la surface terrestre serait sèche et stérile ; l'air un peu moins subtil, nous nous noierions dans ses flots épaissis, etc. Et le monde est aussi le plus beau temple de l'art : est-ce le hasard qui, mêlant à l'aveugle les lettres de l'alphabet, a composé le Poème ou qui, détachant de la carrière un bloc de marbre et l'exposant aux injures du temps a sculpté la Statue ; est-ce lui encore qui, après avoir produit par des moyens analogues le violon et l'archet, appuie l'archet sur le violon et en tire la Mélodie ? Si même le monde n'était pas tout poème, mélodie sans fausse note, statue parfaitement harmonieuse, ne faudrait-il pas reconnaître en lui assez de beauté pour en conclure à l'art du Créateur ?

Ne condamnons pas d'emblée cette attitude comme illégitime. Elle est si naturelle à l'homme qu'il serait étrange qu'en son principe à tout le moins elle fût sans fondement aucun. Elle trouve, de nos jours encore, des avocats moins ingénus que Fénelon. Notons seulement qu'elle s'inspire d'une foi variable selon les individus, plutôt que d'une certitude généralement reçue. L'intuition de la finalité ainsi entendue a été contestée de très bonne heure, et ceux qui ne la dépistent pas dans l'univers ou qui lui opposent l'existence des « moucherons » désagréables ou des « fauves » malfaisants — entendez ces termes au sens propre et au figuré : incommodités ou scandales d'une nature « antihumaine » — demeurent irréductibles. Ils ne désarment pas à la pensée que leur rôle pourrait être de contribuer à la « variété du grand spectacle de la nature », ou d'empêcher l'homme de s'amollir en « modérant ses plaisirs et en exerçant sa patience ». Et voilà qui suffit à notre conclusion : aucune démonstration de l'existence de Dieu ne s'opérera par l'intuition populaire de la finalité.

Et par l'intuition scientifique ? Il existe une intuition scientifique de la finalité, mais elle n'a qu'un lointain rapport avec la précédente. Il s'agissait tout à l'heure d'intention consciente, externe à la nature et s'y appliquant du dehors après coup. Les savants reconnaissent l'existence d'une finalité inconsciente, interne à la nature vivante et qui la travaille du dedans, et dont les principes directeurs sont les lois mêmes de l'organisme et les exigences de son adaptation au milieu... Et peut-être serait-il possible d'en conclure avec des chances d'adhésion unanime à l'existence d'un ordonnateur ; le gain pour la cause de la religion serait minime : comme le créateur dans l'admission de l'intuition causale scientifique, cet ordonnateur se confondrait exactement avec le monde.

Ainsi s'explique le définitif échec de l'argument téléologique : il ne démontre pas s'il s'appuie sur l'intuition populaire, et le Dieu dont il prouve l'existence s'il s'appuie sur l'intuition scientifique, c'est le monde.

Passons aux preuves tirées des caractères de l'esprit, ou plutôt à la preuve, car on peut y unir en un seul *les arguments tirés et des notions intellectuelles et des notions morales.* Généralement appelée preuve par la contingence de l'esprit, elle n'est à la bien considérer qu'une variante de la preuve par la contingence du monde dans laquelle, pour le matérialisme ou monisme de la nature, elle s'absorbe tout entière, et qu'au contraire elle absorbe dans l'hypothèse de ce monisme de l'esprit que serait le spiritualisme absolu. Elle se rattache de loin à la théorie platonicienne des idées. Fénelon et Bossuet après Descartes y revinrent avec prédilection : L'éternel s'oppose, par définition, au caractère passager de tout ce qui appartient au monde ; mon esprit recèle des vérités immuables dont il ne saurait être la source puisqu'il fait lui-même partie du monde ; il en faut conclure à une cause supérieure dont ces vérités dépendent.

Parmi les idées éternelles, Fénelon range un peu pêle-mêle des notions métaphysiques telles que celle de l'infini, les axiomes de la géométrie et de l'arithmétique, et ceux de la morale. Universelles, immuables, elles constituent pour l'humanité de tous les temps et de tous les lieux une infaillible règle. « C'est elle [cette règle] qui fait qu' « on juge au Japon comme en France que deux et deux font quatre... et que les hommes n'ont pas encore osé donner ouvertement le nom de vertu au vice... » Aussi parfaite d'où vient-elle ? Pas de mon esprit qui est faillible et changeant : tout intérieure à moi-même qu'elle paraisse « elle est au-dessus de moi puisqu'elle me corrige, me redresse, me met en défiance contre moi-même ». Elle a sa source en une raison supérieure, la raison de Dieu.

Ici encore, nul ne fera de difficulté pour accorder la définition d'une vérité éternelle, pure analyse qui n'extrait du mot que ce que l'on était préalablement convenu de trouver en lui. Mais une fois de plus la question se pose pour l'esprit comme elle se posait pour le monde, au fond c'est la même : la mineure est-elle vérifiée dans la réalité ; l'esprit connaît-il des vérités éternelles ? Il s'en faut que tous en soient convaincus. Notre temps le conteste avec vigueur. A l'intuition vulgaire immédiate de vérités toutes faites et définitivement achevées, ou plutôt qui n'ont pas à s'achever parce qu'elles ont toujours été parfaites, étant en nous les reflets directs de l'intelligence, le fidèle écho de la volonté divine, il s'efforce d'opposer l'intuition d'une genèse et d'une évolution des vérités. Les notions intellectuelles et morales, toutes les notions auraient leur origine dans l'expérience et n'en seraient que réplique abstraite ; elles en suivraient le cours, s'affermissant, se précisant, s'épanouissant avec elle ; elles n'auraient de valeur que dans cette étroite relation, par ce contact, pour autant qu'elles lui resteraient attachées. S'il arrive que, ayant dans le cours de l'abstraction progressive perdu de vue leur cause empirique ou lui ayant survécu, elles prennent pour un temps l'apparence et les prétentions de l'absolu, il serait vain de s'y méprendre : nées dans l'expérience pour lui servir d'expression, elles durent en bon droit ce que dure l'expérience, et meurent virtuellement avec elle.

Cet effort de réduction, entrepris depuis longtemps par l'école empiriste, se poursuit et redouble aujourd'hui d'intensité. Il ne constitue d'ailleurs, semble-t-il bien, qu'une inévitable extension dans l'application des méthodes de la science, et est à ce titre légitime. Si l'intuition qu'il cherche à définir dans ce domaine est loin encore d'être aussi répandue que l'intuition populaire, il n'est pas interdit de croire que, présentant des notions « éternelles » un équivalent scientifique accessible à tous, il arrivera à provoquer en faveur de ce dernier un assentiment que les premières ne pouvaient exiger.

Est-ce à dire, à supposer qu'il y ait entre les deux positions antagonisme irréductible, que l'erreur soit du côté de l'intuition populaire et que cette dernière ne recèle sous des apparences un peu naïves aucune part de vérité ? C'est dire que d'un côté il y a possibilité à tout le moins d'assentiment général et de certitude indiscutée, alors que de l'autre il s'agit d'assentiment individuel et de foi. Et nous pouvons conclure : Ou bien la preuve par les notions de l'esprit humain s'appuiera sur l'intuition populaire d'icelles et elle posera Dieu comme leur auteur, mais il s'agira d'un acte de foi et non d'une démonstration ; ou bien elle s'appuiera sur leur réduction empirique dans l'intuition qu'en acquérera la science, et ramenant l'esprit à la nature, l'intégrant dans la matière maternelle, elle prouvera l'existence d'un dieu, si l'on veut couvrir de ce terme le monde, mais d'un Dieu qui se confondra pleinement avec le monde.

Il conviendrait peut-être de rattacher à ce groupe la *preuve* morale proprement dite. Si le cours en est très différent, elle présuppose en effet une confiance inébranlée dans le caractère éternel de la notion du devoir. Mais Kant, qui la développe avec l'originalité et la chaleur que l'on sait, est le premier à la qualifier affaire de foi et non de science.

Les arguments semi rationnels échouent donc. Avant qu'on eût, grâce à Descartes et à Kant, l'idée claire des conditions d'une démonstration scientifique, il était pardonnable qu'on y recourût; ils satisfaisaient quelques esprits. Il était naturel aussi que, pour parer à leur insuffisance foncière, Anselme tentât hors des incertitudes ou des contradictions de l'observation expérimentale la preuve rationnelle pure. Nous ne pouvons nous appuyer ni sur les unes ni sur l'autre. Nous avons appris à distinguer entre la pensée et la réalité, et la réalité ne nous est pas évidente tant qu'aucune intuition n'en assure l'existence. Nous savons d'autre part que la seule intuition sur laquelle puisse s'établir une démonstration universellement probante, c'est cet étalement ordonné dans l'espace et le temps à quoi se ramène inévitablement l'interprétation scientifique et qui ne présentera jamais à nos yeux qu'une image entre les images du monde. Restent quelques arguments secondaires tels que celui du *consentement universel* ou celui des *aspirations de l'âme humaine*. Le premier érige en fait, dans l'universalité du consentement, une supposition difficile à vérifier et qui n'est pas vérifiée. Le second s'appuie sur ce postulat pour le moins fragile que le désir constitue une raison d'être de l'objet désiré. Du point de vue que nous avons choisi, on admettra sans peine qu'il ne puisse être question là de démonstration valable.— Un dernier mot. Les arguments semi rationnels se basent sur diverses intuitions de l'univers selon des rapports qu'il ne serait pas difficile de mettre en lumière. Celui de la contingence suppose l'intuition la plus simple, encore brute et inqualifiée, de l'existence des choses ; ceux de la finalité, les intuitions des choses qualifiées selon des esthétiques ou des morales diverses. Existerait-il une argumentation fondée sur ce que la psychologie de la religion appelle l'intuition intellectuelle, la pure vision mystique, appréhension de l'objet divin en dehors de toute relation avec le monde sensible? L'intuition vérifiée, et elle est loin de l'être, la preuve édifiée sur elle ne rentrerait pas dans le nombre des preuves semi rationnelles seules capables de démontrer, et pourtant insuffisantes. On pourrait la rapprocher de l'argumentation rationnelle pure, dont nous avons constaté l'impuissance radicale. Mais, en un domaine où il y en a tant de réelles, ne nous attardons pas à combattre des prétentions imaginaires. Les mystiques sont restés généralement étrangers à tout désir de propager leur foi par utilisation dialectique des événements de leur vie intérieure. Il faut donc renoncer.

## II. Au tribunal de la pensée.

## Le fait et le droit de la croyance.

Il faut donc renoncer. Mais à quoi? — et voilà ce qu'il importe de fixer avec précision — à admettre l'existence de Dieu? Rien actuellement ne nous y oblige. Ce à quoi nous amène la revue des « preuves » traditionnelles, c'est à *renoncer à la preuve généralement impérative*. Cela apparaît d'ailleurs facile à la réflexion.

L'examen des résultats éventuels d'une démonstration scientifique nous a conduits à reconnaître que le dieu ainsi déterminé cesserait d'être Dieu. Déterminé en effet, emprisonné dans les cadres étroits de l'intuition temporelle et spatiale, enchaîné dans le nexe des causes nécessaires, dieu enserré dans et par l'aveugle nature, l'âme le verrait disparaître ou s'identifier — disparaître en s'identifiant — avec cette dernière. Comme l'époux mystérieux à la lueur indiscrète de la lampe de Psyché, il se serait dérobé devant les recherches d'une intelligence trop impatiente ; ou bien, et cela ne vaudrait pas mieux, maîtrisé par elle et asservi à sa dévotion, il serait devenu chose entre les choses, ensemble des choses, l'un des objets du monde ou le monde tout entier ; un monde connu, dépouillé de tout mystère, qui ne saurait être objet de religion. « On n'adorerait pas ce que l'on comprendrait trop aisément, parce que comprendre c'est dominer », a dit Aug. Sabatier, et avant lui, exprimant en d'autres termes le même sentiment de la piété de tous les siècles, un vieux philosophe : un Dieu compris ne serait plus un Dieu.

Au surplus, l'impuissance de la raison à démontrer Dieu ne comporte aucunement l'impossibilité de *croire* en lui. Il n'y a de l'un à l'autre aucune conséquence nécessaire. Nous venons de prouver par trois fois non que Dieu n'est pas, mais que Dieu n'est pas mathématiquement prouvable. Pour aller plus loin dans la négation, il faudrait présupposer que, l'intuition sensible sur laquelle il s'appuie étant la seule légitime, le raisonnement mathématico-physique épuise notre faculté de penser. En prétendant que « si l'humanité n'était qu'intelligente elle serait athée », Renan paraît avoir admis ce gros préjugé. C'est en effet un préjugé qui ne se justifiera pas au tribunal de la pensée. Car il existe une instance supérieure, où le procès peut se plaider. L'intelligence de l'homme ne s'épuise pas en une seule expression, pas plus que sa sensibilité ne se contente d'une seule vision du monde. A côté de la raison théorique, qui connaît des problèmes intellectuels, Kant range la raison pratique ; raison encore et non volonté, en dépit du qualificatif ; autre intelligence, autre face de l'intelligence humaine, celle qui connaît des problèmes du devoir. A côté de l'esprit de géométrie, Pascal range l'esprit de finesse. Et, parce qu'il dit aussi ordre du cœur, on pourrait croire à une faculté affective plus ou moins aveugle. Ce serait à tort. Un esprit encore, qui juge du monde des âmes et des grandeurs immatérielles avec autant de clairvoyance que l'esprit de géométrie juge des grandeurs mesurables et du monde des corps. Encore de la pensée. Deux activités de la pensée parallèles? ou dans un rapport de subordination, une primauté étant accordée selon l'avis de Pascal et de Kant à la raison pratique? Comprises elles-mêmes, et voici qui importe davantage, dans la juridiction d'une pensée de plus grande envergure puisque l'homme disserte de l'une et de l'autre, les compare et les ordonne. Il existe, et jamais on n'eût songé à en faire la remarque si certain dogmatisme de la science n'avait égaré le sens de plusieurs à cet égard, au-dessus ou au-dessous de toutes les variétés de la pensée qu'elle comprend après les avoir créées et dont elle peut en conséquence juger les différents, une intelligence supérieure, la Pensée humaine en sa plus large acception. C'est à son tribunal que nous demandons d'établir et le fait, et la possibilité à tout le moins du droit des intuitions sur lesquelles se fonde la croyance. Quelques traits lui suffiront au préalable à justifier l'entreprise.

Là même en effet où l'on a cru parvenir à la démonstration rationnelle de l'existence de Dieu, la croyance religieuse, remarque la pensée impartiale, a gardé une certaine indépendance. Entre l'adhésion intellectuelle que provoque celle-là et l'adhésion morale que suppose la dernière, il n'y a pas en fait de rapport nécessaire. « Les preuves, disait Pascal, ne convainquent que l'esprit », entendez l'esprit de géométrie et, ajoutait-il, nous ne sommes pas qu'esprit. On trouverait des gens que les preuves touchent et qui ne croient pas. Voltaire passe pour l'un des représentants du théisme philosophique. Nonobstant l'ironie dont s'enveloppe sa pensée, il est permis d'estimer qu'il admit, à côté de l'argument d'utilité publique[1] qui lui fut si cher, les principales démonstrations traditionnelles. Personne pourtant n'a jamais songé à dire que Voltaire fût un homme de foi. Souvent aussi chez les croyants, et peut-être toujours, le Dieu de la croyance diffère du Dieu prétendu démontré. L'Infini dont la perfection métaphysique assure l'être, la Cause première créatrice et ordonnatrice des éléments, la Sa-

[1] « Quand cette opinion [la croyance d'un Dieu] n'aurait prévenu que dix assassinats, dix calomnies, dix jugements impies sur la terre, je tiens que la terre entière doit l'embrasser. » *Dict. phil.*

gesse suprême d'où toute vérité tire son idée, la Substance cartésienne, l'Être universel de Malbranche, l'Ordre moral de Fichte, l'Esprit absolu de Hegel n'évoquent jamais tout à fait aux yeux d'un homme la même image de la divinité que les formules de son catéchisme. D'une façon générale, il existe à côté du champ de l'histoire de la philosophie le domaine de la religion, plus vaste en tous les sens: on a cru en Dieu avant que l'on songeât à disserter sur Dieu; des milliers croient dans l'ignorance complète du problème agité par les philosophes ; là où l'on s'en préoccupe, la certitude due à la piété et la certitude attribuée à la recherche intellectuelle coexistent, sans se confondre, en beaucoup d'esprits. Même il s'en trouve, ce sont les mystiques, qui n'éprouvent pour la seconde qu'un imperturbable dédain. L'essor de leur foi élève Dieu au-dessus du monde non seulement de la démonstration, mais de toute pensée discursive. Et cela d'emblée, en un envol instinctif, par le sentiment que la parole humaine est essentiellement impuissante à qualifier l'être divin et qu'en cherchant à le déterminer elle le limite, c'est-à-dire le nie... Voilà donc constaté le *fait* de l'existence d'intuitions religieuses indépendantes. Et voici qui permet de bien augurer de leur *droit* :

Là où l'on renonce à tout espoir de démontrer parce que l'on s'est rendu compte que les conditions de la démonstration sont remplies par le seul raisonnement mathématico-physique, on persiste à croire, souvent. Et je ne pense pas ici à cette foi que l'on voit subsister par bribes sur les rivages du cœur après les crises de la vie morale et religieuse, telles les épaves après la tempête, et qui n'est peut-être que le vestige d'une foi disparue. Il s'agit d'une confiance d'autant plus assurée qu'elle a résisté victorieusement à l'épreuve. Plus d'un philosophe est en effet parvenu à la conviction rationnelle — acquise au travers du raisonnement et grâce à lui — que l'objet de la foi religieuse règne au delà des atteintes de la démonstration ou de la négation scientifique et que c'est là sa position normale. C'est ce que pensèrent avant Kant encore Pascal, après Kant et grâce à lui, beaucoup d'autres. Ce sont ces conclusions mêmes que l'école écossaise de Hamilton a, paraît-il, cru pouvoir tirer de la *Critique de la raison pure* et qu'elle résumait en une formule frappante : *la doctrine de la docte ignorance*. *Doctrine*, parce que affirmation raisonnée de l'existence de Dieu ; et docte *ignorance*, connaissance qui connaît ses limites et qui a été amenée par l'examen de ses propres moyens avec une égale conviction et à admettre l'objet de sa foi et à renoncer à en donner aucune détermination scientifique[1]. La légitimité de cette attitude n'est pas incontestée, il s'en faut, et nous allons avoir à la défendre. Mais en voilà assez, et pour faire entrevoir qu'au jugement de la pensée une apologie de la croyance en Dieu n'est point condamnée d'avance à échouer, et pour nous dicter notre plan.

I. Puisque la pensée constate en fait l'existence d'opinions religieuses assez indifférentes à l'égard des affir-

[1] Nous ignorions Hamilton quand nous nous sommes efforcés d'interpréter en ce sens le kantisme en un livre intitulé : *La religion hors des limites de la raison*.

mations — pour ou contre — de la philosophie, commençons par étudier celles-là indépendamment de celles-ci. Cherchons à découvrir dans leur diversité les intuitions ou, si elle existe, l'intuition religieuse type. Nous découvrirons du même coup les divinités ou la divinité type. Réservant toute espèce d'appréciation sur leur réalité objective, décrivons-les l'une et l'autre en leurs traits les plus généraux, les demandant à *la croyance en Dieu* telle que la psychologie et l'histoire des religions permettent de l'observer.

II. Puisque dans le champ des philosophies la pensée en trouve une — entre plusieurs — qui admet la croyance, il nous sera loisible ensuite de lui demander, pour en juger la valeur, ses arguments en faveur de la légitimité et de la nécessité des intuitions ou de l'intuition religieuse ainsi déterminée et de la divinité correspondante. Ainsi pourrait être résolue la question de *la réalité de Dieu.*

# PREMIÈRE PARTIE

# LA CROYANCE EN DIEU

> Toute marée dénonce au delà des nuages un astre vainqueur : l'incessante marée des âmes serait-elle seule à palpiter vers un ciel vide?
>
> F. DE CUREL.

## PRÉLIMINAIRES

### LE DOMAINE DE LA CROYANCE. INTUITION ET FORMULE. DOGME ET NOTION PHILOSOPHIQUE.

La croyance religieuse comporte, souvent indifférenciées d'ailleurs, une part d'adhésion plus instinctive : l'intuition ou le sentiment, et une part d'adhésion plus intellectuelle : la formule. Si l'on n'a jamais contesté qu'il y eût rapport entre deux, ce rapport pouvait être envisagé de deux façons. L'intellectualisme supranaturaliste soutenait la priorité de la formule. C'était, à l'en croire, dans la parole des prophètes, dans celle des livres sacrés sous l'aspect précis et définitivement arrêté d'oracles accessibles à l'intelligence que la vérité divine s'était présentée à l'homme. Les démarches de la volonté se bornaient à incliner l'intelligence à les comprendre ou à les admettre ; l'émotion ne venait qu'ensuite, en conséquence. Une étude de la croyance en Dieu de ce point de vue devait donc s'attacher tout d'abord, sinon uniquement, à l'élément intellectuel primitif dans la révélation.

Ce n'est pas que cette thèse ne s'appuie sur une apparence au moins d'observation historique. Elle part de ce moment de la réalité où l'individu, prenant connaissance de la tradition, reçoit de celle-ci l'enseignement de vérités qu'il trouve en elle toutes faites, revêtues de l'autorité que leur confère le mystère de leurs lointaines origines. Les traditions durent; les individus passent. Placé, l'espace de quelques années, en présence d'un dogme qui a vu se succéder depuis un temps pour lui immémorial les générations de ses pères, le croyant qui n'a pas d'intérêt à analyser sa piété l'envisage comme immuable et éternel. Il y voit l'expression immédiate d'un enseignement de Dieu. Et c'est ce moment de l'expérience religieuse que, par une extension que rien ne légitime, le supranaturalisme convertit en affirmation de la priorité métaphysique de la notion.

Faite avec plus de soin, l'observation historico-psychologique établit le rapport inverse. On n'y méconnaît pas la mise en présence, à un moment donné, de l'individu et de la tradition, pas plus que l'influence exercée par celle-ci sur les sentiments de celui-là, qu'elle provoque ou contribue à provoquer en effet. Mais, alors que le supranaturalisme estimait ce vis-à-vis primitif et définitif, le psychologue ne voit en lui qu'un moment — un aboutissement peut-être, cela n'est pas certain — d'une évolution dont il peut entrevoir les conditions initiales. Les notions traditionnelles n'ont pas échappé à la loi universelle du changement. Elles ont subi un développement parallèle à celui de l'intelligence humaine. L'antériorité de la sensation sur l'intelligence dans l'évolution de l'humanité ne comportant aucun doute possible, voilà la question résolue dans l'autre sens. Comme toutes les autres manifestations de la vie humaine, la foi en la divinité s'est manifestée primitivement sous la forme d'une émotion, par un trouble intérieur que la mimique et le geste, remarquait Schleiermacher, ont dû traduire avant la parole. Et quand la langue de l'inspiré se délia pour donner essor à l'émotion, la parole prit l'allure de l'élévation poétique ou de l'allocution oratoire, et la conserva longtemps. Elle ne se soucia de précision didactique que lorsque, le premier enthousiasme passé, l'enseignement ou la polémique exigèrent la systématisation en un corps de doctrines des sentiments jusqu'alors librement inspirés. Voilà donc qui est désormais admis au nombre des principes de l'étude historico-psychologique de la croyance: ce n'est pas la notion, c'est le sentiment, ou l'intuition émotionnelle, qui est primaire et primitivement révélée. Les formules intellectuelles sur Dieu ne sont que les répliques du sentiment de la divinité et l'on ne s'étonnera pas que, tenant compte des deux éléments de la croyance, nous nous attachions surtout au premier.

On ne s'étonnera pas non plus de nous voir prendre en considération ici et là au même titre la formule dogmatique et la formule philosophique. La croyance leur a souvent demandé le même service : donner à l'intuition une expression plus réfléchie que celle du langage populaire, et il y a entre elles une étroite parenté historique. La philosophie grecque, issue de la mythologie populaire, faillit un moment s'absorber dans les préoccupations de la physique dont elle jetait les bases. En substituant aux théogonies les cosmogonies, les agents naturels dans la naissance et la vie des choses aux divinités de l'antique Olympe, elle allait s'attirer le reproche d'irréligion, quelquefois d'athéisme. Cependant elle reste religieuse, ou le redevient bientôt, par son souci de trouver au monde un principe, une origine, une cause générale « qu'on peut appeler ou ne pas appeler Zeus », disait Héraclite, et qui joue dans la nouvelle pensée pour l'essentiel le rôle que Zeus, père des dieux et des hommes, continuait à jouer dans la croyance populaire. D'abord aveuglement physique : telle l'Eau de Thalès, l'Air de Diogène d'Apollonie, le Feu d'Héraclite, elle va se spiritualiser bientôt en effet dans le Nombre pythagoricien, prendre ou reprendre vie, s'éclairer d'Intelligence avec Anaxagore, se révéler à Socrate pénétrée de Bonté... A l'apogée du développement de la pensée grecque, dans l'œuvre de Platon et d'Aristote, la voilà parée des plus hautes puissances à peu près que les religions aient jamais attribuées à leurs dieux. A côté d'une première théorie et d'une première classification des sciences, c'est donc l'expression rationnelle épurée de la mythologie populaire à quoi la philosophie a contribué jusqu'ici.

Quand la croyance judéo-chrétienne prit son essor et que les nécessités de la propagande rendirent désirable une dialectique qu'elle n'avait point à ses origines, c'est au platonisme et au néo-platonisme, à Aristote aussi qu'elle l'emprunta. De l'effort pour exprimer l'Évangile dans des formules inspirées de cet intellectualisme naquit peu à peu le catéchisme officiel de l'Église et sa dogmatique. Pendant le moyen âge il y eut fusion, et confusion : la doctrine fut dogme, le dogme pétri de philosophie. Et l'union peut-être eût persisté si l'Église, au lieu d'arrêter l'évolution du dogme et de prétendre arrêter en même temps celle de la philosophie, avait reconnu la nécessité de suivre le mouvement. La Renaissance opéra la dissociation. La pensée philosophique reprit sa liberté. Elle en usa souvent contre le dogme, rarement contre la croyance. Occupée, comme au temps de son premier essor, à fonder (avec Bacon) ou à perfectionner (avec Descartes) les méthodes de l'expérimentation scientifique, elle resta comme alors en général préoccupée de Dieu. Descartes, Spinoza, Leibniz, Kant reprennent et renouvellent à deux mille ans de distance, et portent très loin le double effort des plus grands génies grecs. Et il exista de nouveau deux variantes dans l'expression didactique de la croyance : dans l'Église et à sa dévotion, le dogme ; hors de l'Église, la philosophie. Ce fut et c'est encore la cause d'un dualisme relatif. Le dualisme n'est que relatif et tend à s'effacer. Charpenté de philosophie, le dogme ne pouvait se passer longtemps de philosophie. Le catholicisme utilisa Descartes, le protestantisme, Kant. Des penseurs catholiques et protestants cherchent de nos jours à tirer parti du pragmatisme à la mode. Il n'est pas téméraire d'entrevoir un avenir où la distinction ne sera plus qu'un souvenir... Quoi qu'il en doive être, il nous sera permis, là où nous le jugerons utile, de tenir très brièvement compte, à côté du dogme et après le sentiment, des déterminations de l'être divin que la croyance a empruntées plus directement à la philosophie.

Ceci dit, qu'affirme sur l'intuition religieuse et sur Dieu la croyance ainsi entendue en son acception la plus vaste ? Pour simplifier l'exposé et bien que dans la réalité les deux éléments soient intimement unis, nous distinguerons entre l'affirmation de l'être de Dieu (chap. I, Dieu est) et celle des manières d'être (chap. II, ce que Dieu est).

## CHAPITRE PREMIER

---

# LA CROYANCE AFFIRME QUE DIEU EST

---

La croyance pose Dieu comme existant. C'est là son caractère essentiel, qui la constitue. Nous avons donc à demander non pas si Dieu existe pour elle : cela va de soi, mais pour quoi, en vertu de quelle nécessité intime elle est amenée à admettre Dieu.

Elle comporte l'intuition et la formule. D'abord L'INTUITION, la couche profonde du sentiment, humus fécond d'où s'élèvent la broussaille des formules et, au-dessus, la forêt des dogmes. C'est en elle que résidera la sève secrète de l'affirmation de Dieu. Peut-on parler, au sein de la croyance dont les manifestations sont si multiples, d'une intuition fondamentale, qui serait le sentiment religieux proprement dit, et d'où jaillirait la notion la plus primitive et la plus générale de la divinité. Et si oui, quelle est-elle ?

On connaît l'effort tenté par Schleiermacher pour la définir. Il eut le mérite capital de mettre en relief les vraies données du problème dans les deux éléments qui se partagent à l'origine le domaine de la conscience : la spontanéité et la réceptivité de l'organisme, la « détermination de soi-même par soi-même », et la « détermination de soi-même par un autre que soi-même ». Que nous ne puissions prendre conscience de nous-mêmes sans prendre en même temps conscience de ces deux forces, qu'étant à la base de notre vie physiologique, elles soient aussi à la base de notre vie psychique et doivent en inspirer toutes les manifestations, cela est évident. Les essais qui chercheront à faire naître l'intuition religieuse de leur relation mutuelle seront donc les plus heureux. Comment Schleiermacher en vint-il à la définition fameuse et généralement reconnue fausse : l'intuition religieuse est sentiment d'absolue dépendance ? Il eut le tort de considérer comme nul l'un des courants signalés. La constatation facile à faire, disait en substance le grand rénovateur des études théologiques, que notre spontanéité est en tout temps relative, toujours limitée par quelque obstacle, amène au sentiment que nous pourrions dépendre *absolument* de quelque cause toute puissante. Pourquoi absolument ? Y aurait-il rien à objecter, sinon le même arbitraire, à qui ferait la démarche inverse en tenant compte du seul second élément du problème : La constatation facile à faire que la réceptivité de notre moi est en tout temps relative, mise en échec par les entreprises de son activité, amène au sentiment que nous pourrions être en définitive absolument libres, et le sentiment religieux fondamental est celui d'une liberté absolue ?

Ce passage du relatif à l'absolu, que rien ne justifie, c'était, par l'abandon de l'une des données, le passage de la réalité à la fantaisie. La réalité de la vie religieuse ne connaît rien ni d'une nécessité ni d'une liberté sans limites. Pourtant, nombre des définitions tentées dans la suite se sont inspirées de ce penchant à l'unilatéralisme. L'intuition religieuse est un épanouissement, ont dit en substance ces représentants d'une même tendance esthético-mystique que furent Renan, Hartmann, Max Müller. Elle a sa source dans le sens de l'idéal, dans l'aspiration à l'infini, dans la nostalgie de l'invisible : c'était la rattacher à la spontanéité de la conscience. Elle consiste essentiellement dans le sentiment du devoir, dans l'obéissance aux impératifs de la loi morale, ont prétendu les partisans de la philosophie éthique dont Kant reste l'initiateur. Elle est au premier chef une contrainte du moi, une expression de la réceptivité de la conscience. Trop raffinées pour s'appliquer facilement aux origines de la religion, ces déterminations sont encore trop exclusives. On accorderait à juste titre la préférence aux résultats des investigations des psychologues et des historiens positivistes : plus dégagés de l'esprit de système, ils serrent de plus près la réalité. Or, nous les voyons souvent s'arrêter, pour définir la religion, à deux traits simples dont la parenté avec les forces primaires de l'organisme est évidente. L'intuition religieuse, disent-ils assez communément, est une admiration mêlée de peur, un plaisir et une douleur, un amour et une crainte (Ribot), que l'homme éprouve vis-à-vis de certains phénomènes...

C'est dire, toujours, en autant d'expressions parallèles, une manifestation de spontanéité et une manifestation de réceptivité. Il fallait, pour arriver à la réponse satisfaisante, non seulement tenir compte des deux données, mais sortir de cette juxtaposition factice et les considérer à l'exemple de Sabatier telles que la réalité les présente, dans le résultat de leur corps à corps. Chacun connaît l'analyse classique de ce que l'*Esquisse d'une philosophie de la religion* appelle la contradiction initiale de la conscience psychologique : Dès l'origine du développement par lequel l'homme se dégage de l'animalité, il se sent travaillé et déchiré par un double mouvement, celui qui s'impose du dehors au moi (réceptivité), celui qui du dedans du moi cherche à agir au dehors (spontanéité). Les forces sont inégales et leur rencontre tourne à l'avantage de la première ; l'épanouissement du moi vient se briser à l'écueil des choses extérieures. De ce choc perpétuellement répété et de cette défaite qui, sans anéantir le vaincu comme Schleiermacher paraissait l'admettre, se renouvelle incessamment, naît, avec l'étincelle de la vie spirituelle, ce besoin d'un appui supérieur et au moi et au monde qui caractérise partout la croyance religieuse.

La religion naît ainsi du désir même de vivre. Elle est le produit en quelque sorte naturel de la foi en la vie, une manifestation de l'instinct de conservation. Instinct de conservation ou de garantie des valeurs, dira aussi Hœfding (*Philosophie de la religion*), précisant et généralisant à la fois le principe. C'est en l'éveillant que les forces initialement aux prises éveillent la religion. Là est la source. Nous nous y arrêterons, constatant que tout le reste en découle. Toute douleur, toute crainte, de la terreur panique du sauvage devant l'éclat du tonnerre au vertige pascalien de l'infini, toute obligation, même celle de l'impératif catégorique, tout sentiment de responsabilité et de culpabilité revient à l'appréhension de perdre cette valeur suprême qu'est la vie ou l'une des valeurs qu'elle implique, ou au regret de l'avoir perdue. Tout plaisir, tout élan d'amour, du besoin physique d'épanouissement à l'aspiration à l'infini, à l'extase mystique, au sentiment chrétien de la grâce, toute manifestation de spontanéité est inspirée par le désir de maintenir, d'acquérir une valeur ou par la reconnaissance de l'avoir acquise ou conservée. *L'intuition religieuse fondamentale c'est, à l'origine, le désir de la garantie des valeurs et, plus positivement, la confiance en leur garantie.*

Du même coup nous aurons déterminé la

NOTION primaire la plus générale DE LA DIVINITÉ. Elle est intimement connexe à l'intuition. En effet, chez le croyant, le désir de la garantie en suppose la possibilité, la confiance en la garantie en affirme la réalité, et la réalité de la garantie enfin implique celle du garant. C'est l'admission implicite de l'existence du « conservateur » qui infléchit le pur instinct de la conservation en espoir, et qui lui donne ainsi son caractère religieux. Bref, *si l'intuition religieuse est essentiellement celle de la garantie des valeurs, Dieu, révélé par sa fonction, est celui qui garantit les valeurs.*

Des preuves ? C'est l'histoire des religions dans toute

son ampleur qu'il faudrait citer. Quelques exemples suffiront[1].

Le primitif rend un culte à ses fétiches ou à ses morts : ils ont la puissance d'aider ou de nuire ; il importe de se les concilier. Cette pierre mystérieusement détachée de la hauteur a atteint un homme sur le sentier ; le possesseur de ce fragment d'ancre recueilli sur le rivage est mort peu après sa trouvaille ; cet osselet, ce coquillage a assuré à plusieurs d'heureuses chasses, ou la victoire sur les ennemis : nul doute que ces objets n'abritent quelque puissant esprit. On en recherchera la protection en leur accordant dans la hutte une place d'honneur, en les parant, en leur servant des offrandes. Quant aux morts, on sait assez qu'ils continuent à vivre, et leur pâle survivance a besoin d'entretien ; négligés, ils savent se venger ; honorés, les voilà dieux tutélaires. Les vivants ont soin de prévenir leurs désirs, et ce souci a provoqué des coutumes nombreuses observables actuellement chez les sauvages, ou dont les grands écrivains de la Grèce antique nous ont conservé le souvenir : « Je verse sur la terre du tombeau, dit l'Iphigénie d'Euripide, le lait, le miel, le vin, car c'est avec cela qu'on réjouit les morts. » D'après Eschyle leur protection s'étendait aux biens spirituels. Alceste, en effet, s'adressant aux mânes de son père, ajoute à une requête de protection pour elle et pour son frère Oreste cette demande : « Donne-moi un cœur plus chaste que celui de ma mère,

[1] Empruntés la plupart à Bousset *(Das Wesen der Religion)* et à Fustel de Coulange *(La Cité antique)*.

et des mains plus pures. » D'une façon générale, lorsqu'on rencontrait un tombeau, on s'arrêtait et l'on prononçait la formule : « Toi qui es un dieu sous la terre, sois-moi propice. »

Aux origines connues de tous les peuples Aryas et longtemps dans le cours de leur histoire le culte du feu joue un rôle capital. Le foyer est un autel. C'est une obligation sacrée pour le chef de la famille d'y entretenir jour et nuit des charbons allumés. Il ne faut pas que le dieu manque d'aliments, il dépérirait. On lui présente du bois, des herbes sèches, le vin brûlant de la Grèce, la liqueur fermentée que les Indous appellent soma, l'huile, l'encens, la graisse des victimes A quelle fin? Pour qu'il veuille bien continuer à protéger la famille, à se porter garant de ses destinées. Quand, ayant agréé l'offrande, « satisfait et radieux, il se dressait sur l'autel et illuminait son adorateur de ses rayons, c'était le moment de l'invoquer; l'hymne de la prière sortait du cœur de l'homme ». Et il exposait quelques-uns de ses éternels désirs : « O Agni, disait l'Indou, tu es la vie, tu es le protecteur de l'homme... tu es un défenseur prudent et un père... Fais que la terre soit toujours libérale pour nous... que j'arrive à la vieillesse comme le soleil à son couchant... O Agni, tu places dans la bonne voie l'homme qui s'égarait dans la mauvaise... Si nous avons commis une faute, si nous avons marché loin de toi, pardonne-nous! » Le prix attaché à cette providence était si grand que le Romain des temps antiques, assure Fustel de Coulange, ne sortait jamais de sa demeure sans adresser une prière à son foyer et que, à son retour, avant de revoir sa femme et d'embrasser ses enfants, il devait s'incliner devant le foyer et l'invoquer.

La sécurité que le feu garantit à la famille, les dieux du peuple la garantissent au clan ou à la cité. On sait quel rôle le sacrifice jouait dans la vie publique des anciens. On offre à la divinité des viandes, des gâteaux, des parfums, des vêtements et des bijoux, des lustrations, des danses et de la musique. Pourquoi? Parce que l'on attend d'elle le salut. La relation de l'offrande au salut est si intime que souvent celle-là n'est que promise, accordée sous cette condition que celui-ci le sera à son tour. On connaît le vœu de Jacob près de la pierre qu'il vient d'élever en l'honneur d'Iahvé après le songe de Béthel : « *Si* Dieu est avec moi et me garde pendant le voyage que je fais, *s'il* me donne du pain à manger et des habits pour me vêtir... *alors* Iahvé sera mon dieu... et je lui donnerai la dîme de tout ce qu'il me donnera. » Ainsi dans l'Iliade les Troyennes invoquant leur déesse lui offrent un beau vêtement et lui promettent douze génisses « si elle délivre Ilion ». Le salut de la communauté, d'autre part, est si bien lié à l'action de la divinité qu'il court tous les risques si, pour une cause ou pour une autre, les dieux sont absents. On prend donc le soin le plus jaloux des siens. On cherche à gagner par ruse ou par force ceux de l'ennemi, ou à les débaucher en surenchérissant les honneurs auxquels on les sait sensibles. Le temps que l'arche, demeure d'Iahvé, passe en captivité dans le temple de Dagon est pour Israël une époque funeste. Et si Troie finit par succomber, c'est qu'Ulysse a réussi à voler la Pallas des Troyens. Jamais, à Rome ou à Sparte comme à Athènes, on n'eût commencé une assemblée politique, jamais on ne fût parti en guerre avant de s'être assuré la faveur du dieu de la cité, et le sombre destin d'Iphigénie atteste le prix que, dans des âges encore barbares, coûtaient les garanties divines.

Mais, si les dieux sont puissants, capables d'anéantir et de protéger, n'est-ce pas qu'ils ont en leur pouvoir les forces mêmes de la nature et qu'ils les dirigent à leur gré ? Les forces de la nature ne font-elles pas, ne sont-elles pas leurs forces ? Cette intuition paraît être commune à toutes les religions. S'il est des maîtres dont l'homme ait pu se sentir dépendant, c'est bien le Ciel et la Terre en leurs multiples manifestations : la Terre nourricière, aux vastes seins ; le Ciel qui la féconde ; leur générosité, mais aussi leurs caprices. En haut ou d'en haut, la lune, mystérieuse en ses métamorphoses : tantôt elle dissipe et tantôt elle ramène les nuits ; le soleil, source de chaleur et cause de sécheresse ; le vent qui rafraîchit et qui déchaîne la tempête ; l'orage dévastateur, la pluie bienfaisante. En bas ou d'en bas, le fleuve qui fertilise et qui ravage ; la forêt où le chasseur trouve le gibier et où l'attend le fauve ; le champ tantôt avare et tantôt généreux ; la source abondante au dernier passage, aujourd'hui tarie...

Cette dépendance devait être particulièrement sensible aux Sémites des déserts de Syrie et d'Arabie, où la part de l'initiative humaine dans la production de la nature est réduite au minimum, quand elle n'est pas nulle. Représentons-nous un clan nomade en voyage (Bousset) : Le sable du désert s'étend au loin, jusqu'à l'horizon, dans une effrayante monotonie. Aucun vestige de vie. Le soleil. Du vent. L'impalpable poussière qui brûle les yeux et la gorge, qui s'insinue par tous les pores. Hommes et bêtes à la limite de l'épuisement... Soudain le décor change. Au loin apparaissent de vagues frondaisons. Le sol affermi se couvre d'herbe. Bientôt c'est l'ombre des palmiers, la chanson de la source et du ruisseau, la pâture abondante. Tout à l'heure c'était la mort, c'est maintenant la vie. Qui donc a créé au milieu du désert mort la vie de l'oasis? Les puissances de la Terre, « la grande mère », celles que les tribus cananéennes et phéniciennes — par contagion pendant un temps celles d'Israël aussi — adorèrent dans la diversité de leurs Baalim et de leurs Astaroth. C'est parce qu'elles sont despotiques qu'on les désigne le plus souvent du simple nom de Baal ou de Melek : Maître, Maîtresse, Roi, Reine ; c'est parce qu'elles détiennent les clés de la vie et de la mort, et pour qu'elles dispensent la vie qu'on leur sacrifie de la vie ; à l'extrême la vie humaine dans l'holocauste ou dans la prostitution sacrée, le plus souvent les prémisses des récoltes et des troupeaux.

Cependant les religions évoluent. Du VIIIme au Vme siècle avant notre ère, une série de hautes personnalités impriment aux principales d'entre elles un mouvement de convergence vers un type qui n'a pas été dépassé : le christianisme. Zarathoustra, Lao Tsé, Socrate et Platon, dans l'élément religieux de leur génie, sont favorisés de révélations capitales. Ils ont été précédés et ils restent dominés par les hautes figures des prophètes d'Israël. Au-dessus d'eux tous, la stature de Jésus de Nazareth.

Dieu leur a parlé. Ils parlent en son nom. Ils manifestent aux hommes dans son unité splendide le Dieu que les mythologies et les croyances populaires avaient à peine soupçonné sous la variété de leurs dieux. Aux va leurs anciennes qui n'ont pas toujours disparu d'ailleurs, et qui n'avaient pas toutes des raisons de disparaître, sont venues s'ajouter des valeurs nouvelles à peine soupçonnées autrefois, toutes spirituelles et tendant à l'universel : pour Zarathoustra la « lumière », la pureté morale ; pour Lao Tsé un « ordre cosmique » vaguement aperçu ; pour Platon le triple idéal du bien, du beau, du vrai ; pour les prophètes d'Israël la justice ; pour Jésus, la vie éternelle ou le règne de Dieu... Partout le principe subsiste : Dieu reste le garant suprême et le culte qu'on lui rend, s'il s'est spiritualisé, s'inspire partout encore du même mobile, le désir de s'assurer la garantie.

A le considérer dans l'intention de ses documents primitifs et dans celles de ses manifestations historiques qui s'en inspirent, le culte chrétien, pour nous en tenir à ce dernier, est éminemment spirituel. Il ne comporte ni cérémonies, ni offrandes matérielles d'aucune sorte. Certains, à qui l'antique notion du sacrifice expiatoire — centrale dans l' « Ancienne Alliance » — paraît indispensable dans la Nouvelle, considèrent cette exigence comme satisfaite par la mort du Christ : sacrifice subi une fois pour toutes affirme l'orthodoxie protestante, sacrifice renouvelé journellement dans la messe, affirme le catholicisme, son excellence a donné à Dieu pleine satisfaction et a rendu vains tous les autres. Le culte consiste alors essentiellement dans l'acceptation plus ou moins intellectuelle ou plus ou moins mystique de ce dogme et de ses conséquences. D'autres n'admettent en fait de sacrifice agréable à Dieu que l'obéissance à sa loi telle que Jésus l'a révélée. Faire la volonté de Dieu, être parfait dans l'amour comme lui-même est parfait, aimer Dieu, aimer les hommes comme Christ les a aimés... autant de définitions du culte nouveau, que l'auteur du IVme Évangile a d'ailleurs défini en disant : Dieu est esprit et il faut que ceux qui l'adorent, l'adorent en esprit et en vérité... Si sublimisé qu'on le suppose, si purifié de toute pratique magique, de toute observance légale, de tout formalisme, il s'inspire de l'ambition de tous les cultes : obtenir de Dieu la garantie de cette suprême valeur qu'est *le salut* de la vie éternelle, l'accès au royaume de Dieu.

De quoi s'agit-il là ? Biens futurs, réservés à l'au delà? De nombreux textes le feraient croire : « Votre récompense sera grande dans les cieux... » Au jugement dernier, le Juge dira aux fidèles : « Venez... possédez le royaume qui vous a été préparé... » Biens actuels, réalisés dès ici-bas ? Il le semblerait : « La vie éternelle, c'est de te connaître, ô Dieu. » « Le royaume de Dieu ne vient point avec éclat... il est au dedans de vous. » Biens spirituels ? Certes. « Le royaume de Dieu, ce n'est pas le manger et le boire, mais la joie et la paix par l'esprit saint. » Biens matériels ? Tout autant. « De quoi vous serez vêtus, ce que vous mangerez, ce que vous boirez, votre Père céleste sait que vous avez besoin de toutes ces choses-là. » Biens individuels ? Sans doute. « Que donnerait un homme en échange de son âme ? » Bien social ? pas moins : « Je ne vous ai jamais connus, retirez-vous de moi », dit le Juge au dernier jour à ceux qui n'ont pas fait preuve de fraternité. Vraisemblablement une réalité qui pénètre et la vie présente et la vie future, et l'esprit et la matière, et l'individu et la société, dominant en une synthèse supérieure toute dualité... Peu importe ici. Nous y reviendrons. Il suffit qu'à en croire le Nouveau Testament le Dieu de Jésus assure en tout point le salut des croyants. Et c'est cette certitude qui donne à la piété chrétienne son caractère essentiel : *la confiance sans limite*, l'optimisme du *malgré tout*, du *quand même* dont les expressions sont si fréquentes dans la Bible.

★

Une probation plus complète exigerait un étalage fastidieux. Il suffit. Partout, dans toutes les religions et à tous les degrés de la religion, le Dieu de la piété est un Dieu qui agit et dont l'action est secourable. Partout où la religion est vécue s'applique, avec des restrictions sur le seul degré de la confiance, la définition de Luther : « Avoir un Dieu veut dire avoir quelque chose à quoi le cœur met sa confiance ». C'est, dira un moderne, avoir « l'auxiliaire sympathique et puissant, le grand Compagnon dont le cœur a besoin » (Flournoy). Et il se trouve que les déterminations intellectuelles les plus générales de la divinité lui attribuent le même rôle. On ne le dirait pas au premier abord. Il y a loin, semble-t-il, du Principe rationnel de la métaphysique au Père de la tradition chrétienne. Pour la piété l'un ne remplace pas l'autre. Elle dit de toutes les déductions intellectuelles ce que Pascal dit de l'une d'elles : « Quand un homme serait persuadé que les proportions des nombres sont des vérités... éternelles et dépendantes d'une première vérité... qu'on appelle Dieu, je ne le trouverais pas beaucoup plus avancé pour son salut. » Cependant, que l'on y prenne garde, dans l'ensemble et peut-être aussi dans le détail de ses conclusions, le profond mobile de la pensée dans son effort vers une formule de Dieu c'est aussi celui de trouver en Dieu une raison de sécurité. Ainsi la dogmatique quand elle voit en lui le Créateur et le Conservateur ; ainsi la philosophie quand elle parle de Cause première et de Condition du monde. Un créateur, une cause c'est quelqu'un, quelque chose en quoi réside la possibilité de commencer d'être ; un conservateur, une condition c'est quelque chose, quelqu'un en qui réside la possibilité de persévérer dans l'être, possibilité que soit et, puisqu'il est, que subsiste l'univers : donc encore, du point de vue le plus élevé, un garant, le garant de l'ensemble de toutes les valeurs imaginables.

A quoi on fait, il est vrai, au moins DEUX OBJECTIONS.

Il y aurait, dit la première, des religions sans dieu. Mais c'est ce que contestent formellement plus d'un historien et plus d'un psychologue (Bousset, Hœfding) ; il n'y a pas de religion sans dieu. C'est la philosophie de la religion, la philosophie tout court qui, dans le bouddhisme si souvent cité à ce propos ou dans le platonisme, mettent Dieu dans le Nirvana ou dans la Pensée et qui peut-être, de ce point de vue, sont athées. A côté d'elles subsiste en Inde comme en Grèce la religion, une religion qui reconnaît les divinités innombrables de la croyance populaire. Là où la religion se passe de Dieu, elle n'est plus religion; tant qu'elle mérite encore ce nom elle garde son objet, fût-il pour les masses le panthéon des idoles, pour les philosophes le Monde, l'Idéal, l'Esprit.

La seconde objection, plus sérieuse, n'aboutira cependant qu'à fortifier la thèse attaquée. C'est une raison de nous y arrêter plus longuement.

Dieu est considéré par la foi comme le garant des valeurs. L'est-il toujours, aux yeux mêmes de la foi? L'expérience ne prouve-t-elle pas le contraire? Des valeurs auxquelles le croyant tenait se perdent. D'autres, qu'il désirait, il ne les acquiert pas. L'offrande reste souvent vaine; la prière est déçue... La confiance a ses scandales. Il y a dans l'ordre moral, contre la supposition d'un Dieu qui protégerait, le spectacle du mal. Il y a dans l'ordre intellectuel, contre celle d'un Dieu quel qu'il soit et quoi qu'il fasse, le progrès des explications scientifiques désormais substituées par plusieurs à celles de la religion. Depuis que l'humanité est capable de réflexion morale, « l'indifférence de la nature à l'égard de l'homme, les souffrances et les injustices de l'histoire » ont frappé certains esprits et ont fait naître en eux la remarque révoltée de Jeffries : « Si une divinité était responsable de l'état du monde, elle mériterait le mépris » (W. Monod, *Aux croyants et aux athées*, p. 177). Depuis qu'elle est capable d'observation scientifique, elle a une tendance à tenir pour absolu le principe formulé déjà par Lucrèce :

*Nullam rem e nilo gigni divinitus unquam*

et le déterminisme auquel paraît soumis l'univers a combattu souvent avec succès la croyance en la causalité divine.

Qu'en faut-il conclure ? Rien qui ébrèche notre thèse. Au contraire. A mettre les choses au pire, la faillite de la garantie entraîne celle de la foi. Et ce n'est qu'un énoncé négatif et une confirmation du principe. L'existence de la croyance est si intimement liée à la conservation des valeurs que, les valeurs anéanties, la croyance l'est à son tour. Mais c'est là un cas extrême, une position rare, rarement définitive. Il y a eu, et il y a en réalité très peu d'athées. Atteinte, la foi se défend. Ses déceptions l'irritent ou la consternent ; elles ne la détruisent pas. Elle se révolte. Le sauvage jette son fétiche impuissant ; après une défaite de ses armes, le peuple de l'antiquité romaine se laisse aller à lapider les temples ; le Napolitain déçu injurie sa Madone, et les apôtres de l'incrédulité crient aux « crimes de Dieu », — ce qui n'est point encore nier Dieu. Elle se réserve et souffre en silence :

Le juste opposera le dédain à l'absence
Et ne répondra que par un froid silence
Au silence éternel de la divinité.

Elle se ravise et revient, s'édifiant sur l'obstacle même qui l'avait fait trébucher : « J'essaie de me rappeler ce qui m'a éloigné de toi. C'est peut-être surtout la pensée de l'universelle douleur. — Et maintenant c'est la douleur, ma douleur qui me fait crier à toi » (Warnery, *Le chemin d'espérance*). Révoltée, découragée, déconcertée, la foi n'a pas été atteinte au cœur. Organisme vivace, elle s'adapte bientôt au milieu nouveau où l'a transportée le scandale. Rien n'égale l'ingéniosité qu'elle apporte à ces transformations, modifiant au gré des circonstances ou son sentiment de la divinité, ou sa notion des valeurs.

A-t-elle jeté son dieu, elle le remplace : le sauvage s'acquiert un nouveau fétiche. Entre deux dieux, elle choisit le plus fort. Que l'on se rappelle la proposition d'Élie au peuple assemblé sur le Carmel, devant les deux autels préparés pour Baal et pour Iahvé : « Invoquez votre dieu, et moi j'invoquerai l'Éternel. Le dieu qui répondra par le feu, c'est celui-là qui sera Dieu... » Quand le feu fut tombé sur l'holocauste du prophète, « ils tombèrent sur leur visage et dirent : C'est l'Éternel qui est Dieu ». A trente siècles de distance la chronique des missions chrétiennes enregistre par centaines des épisodes analogues. Le prédicateur Lacroix, entouré d'Indous, est frappé par l'un d'eux d'un violent coup de bâton. Comme il refuse de traduire son agresseur en justice et qu'il lui pardonne, l'assemblée, à la vue d'une conduite si complètement étrangère à celle qu'eût inspirée sa religion, s'écria : Victoire, victoire à Jésus-Christ. A tous les degrés de la civilisation les dieux subissent l'épreuve du Carmel et la conversion, où qu'elle se produise, pourrait sans doute être envisagée comme le résultat d'une joute analogue.

Plus souvent, le changement consiste moins dans la

substitution d'une divinité à une autre que dans la modification des attributs de la divinité. Le croyant s'avise qu'il s'était fait de Dieu ou que la tradition lui avait donné de Dieu une idée erronée. Après la victoire sanglante qu'il vient de gagner à l'Éternel, Élie, dont la confiance devrait désormais, semble-t-il, être à l'abri de toute atteinte, se prend à douter. Non que son Dieu ne soit, mais que son Dieu soit celui des carnages qu'il a tout à l'heure ordonnés en son nom. La vision de l'Horeb lui enseigne que l'Éternel peut être dans « le murmure d'une brise légère » aussi bien que dans le vent qui déchire les montagnes. En bien des croyants, à tous les degrés de la croyance, la foi franchit les étapes d'Horeb et arrive à reconnaître que son dieu ne faisait faillite que parce qu'elle se faisait une fausse idée de Dieu. Elle le faisait intervenir là où il n'était pas intervenu ; le scandale n'avait pas d'autre origine. Dieu, découvre-t-elle, n'y est entré pour rien. Ou bien le scandale est fictif, créé de toutes pièces par l'ignorance humaine, ou bien il est réel ; mais la cause en est ailleurs que dans la volonté divine.

On pouvait reprocher au Jéhovah du Sinaï de ne pas garantir l'équité en englobant dans le châtiment d'une faute, avec son auteur, les enfants de ce dernier « jusqu'à la troisième et la quatrième générations ». Ézéchiel s'avisera que ce pourrait bien être là une imagination tout humaine. « La parole de l'Éternel, dit-il, me fut adressée en ces termes : Pourquoi donc répétez-vous ce proverbe : les pères mangent du verjus et les dents des fils en sont agacées ?... Le fils ne portera rien de l'iniquité du père et le père ne portera rien de l'iniquité du fils; l'âme qui péchera sera celle qui mourra. » Comme Eschyle à la même époque en son *Orestie* pénétrait de douceur les Erynnies jusqu'alors impitoyables et en faisaient les Euménides, le prophète éclairait de justice l'aveugle Nécessité qu'était encore sur ce point spécial le dieu du Décalogue, ou découvrait que ce dieu n'était pas encore en tout le vrai Dieu. Ainsi, suivant le cours d'une évolution qui n'est pas close, plusieurs sont allés et vont encore d'un aspect du Dieu de l'histoire à un aspect nouveau. « L'honneur de Dieu » avait imposé à Calvin le supplice de Servet. Il n'aurait plus la même exigence pour les protestants du XX^me^ siècle qui ont dressé à Genève la Pierre expiatoire que l'on sait. Le dieu du modernisme catholique n'est plus en tout point celui de l'orthodoxie thomiste, et ceux que l'un ne satisfait plus vont à l'autre. Il y a une irréligion qui est encore une religion et qui l'avoue; une négation qui ne nie tel dieu qu'avec le désir de mieux affirmer Dieu. N'en voit-on pas d'autre part qui étaient allés jusqu'à la religion de la science, dépouillant peu à peu le Dieu de l'histoire de tout ce qui le distingue de la Nature, et qui reviennent en arrière? Taine, le positiviste, demanda des funérailles protestantes. Et ce retour pouvait être à ses yeux un progrès; il procédait non d'un rétrécissement, mais d'un élargissement intellectuel. Le penseur s'était aperçu que ce qui « semble incompatible avec la science moderne ce n'est pas le christianisme, mais le catholicisme actuel et romain », et qu'avec le protestantisme « large et libéral » la conciliation était possible. La valeur de son univers lui paraissait en fin de compte mieux assurée par un Dieu dont l'idée ne heurtait plus sa conception de la science que par la science seule. Il constatait la vanité du scandale qu'une fausse conception et de Dieu et de la science avait seule créé, et la revisant, il revenait à Dieu.

Mais le scandale peut être fondé dans la réalité. Il arrive que la faute des pères pèse lourdement sur leurs descendants. La nature et l'histoire, indéniablement, abondent en désordres dont souffrent des innocents... et dont Dieu serait responsable? Pas nécessairement. Il y avait trois manières au moins d'éviter cette conclusion : attribuer le scandale à un principe adverse, totalement indépendant de Dieu ; l'attribuer à l'initiative de l'homme, libre créature de Dieu ; ou bien, renonçant à toute explication, avoir confiance, quand même, croire en plein noir, malgré le mystère.

Le dualisme rigoureux qu'implique la première solution et qui inspira, à la suite de la religion de Zarathoustra, la gnose de Manichée trouve encore de nos jours des adhérents. Chacun connaît l'attachant plaidoyer qu'a fait en sa faveur récemment M. Wilfred Monod *(Aux croyants...)* La dogmatique traditionnelle aurait eu grand tort d'attribuer à Dieu la toute présence et la toute puissance ; ce serait là la fin de Dieu, et non ses débuts ; pour le moment en tout cas, Dieu ne serait pas le maître ; autrement il porterait la responsabilité du mal. Le mal, il ne l'aurait pas même permis ; il essaierait de l'empêcher et, « quel soulagement de le croire », il n'y réussirait pas toujours. Il serait « l'effort partout manifesté, pour transformer la réalité... la pensée d'amour qui lutte au fond des choses contre l'obscure fatalité » et que le croyant, associant « sa propre impuissance à l'impuissance divine » aiderait à triompher. Voyez la portée du paradoxe : Pour maintenir le Dieu garant lui enlever la toute puissance. L'affaiblir pour le rendre plus fort, en le déchargeant de la responsabilité du scandale. Réduire le nombre des valeurs à garantir, l'égaler strictement au nombre des valeurs garanties, afin que ces dernières le soient sans conteste et que le cœur du croyant puisse sans risque se reposer sur elles !

Le type de piété que satisfait cette hypothèse paraît rare. Dans la religion des Perses elle-même, remarque Bousset, Ahriman appartient au domaine de la réflexion spéculative plutôt qu'à celui du culte immédiat. Dans ce dernier, il ne jouerait guère que le rôle du Diable du christianisme populaire. Comme le diable « chrétien » — à part quelques incursions exceptionnelles — il n'aurait place qu'à la périphérie de la vie religieuse et ne tiendrait pas sérieusement en échec la toute puissance d'Ahura Mazda. Quand la piété oppose le Diable à Dieu — et le spectacle du monde l'amène fréquemment à cette imagination — elle fait en général ses réserves. Elle n'envisage pas l'opposition comme absolue. Satan n'a pas pour elle l'indépendance de Dieu. Il n'est le plus souvent qu'une créature en révolte. Voire il reste ministre de Dieu et il sert les desseins de la Providence. Ainsi dans l'histoire de Job. Le besoin que ressent la foi de s'appuyer sur un garant est si fort que, plutôt que de se résoudre à affaiblir Dieu, elle préférera aller à l'extrême et laisser, de propos délibéré, le scandale au compte de ce dernier. Le scandale, pour elle, ce sera de voir la puissance divine exclue de quelque phénomène que ce soit. Et dans cette direction, elle adoptera, ici et là, l'attitude du déterminisme optimiste des Stoïciens. Elle niera l'existence du mal ; elle appellera le mal bien. Identifiant sans réserve la loi de la nature avec la volonté divine, elle dira avec Marc Aurèle : « Tout ce qui t'accommode, ô Monde, m'accommode moi-même. Rien n'est pour moi prématuré ni tardif, qui est de saison pour toi... » Plus souvent, toutefois, se refusant à voir dans le mal une nuance indispensable à l'harmonie universelle, elle en ressentira toute la discordance. Mais elle éprouvera plus de sécurité à l'attribuer à la volonté de Dieu qu'à n'importe quelle puissance étrangère. Le croyant préfère alors recevoir de Dieu une calamité dont il ne voit pas la raison, que de le recevoir d'un démon qui tiendrait en échec la puissance de Dieu. Quand, par quatre fois,des messagers de malheur sont venus annoncer à Job la ruine de ses biens et la mort de ses enfants, le patriarche n'hésite pas sur l'auteur responsable : « le Seigneur a donné, le Seigneur a repris ; que le nom du Seigneur soit béni ». C'est là une des paroles bibliques le plus fréquemment choisies par les chrétiens pour exprimer leur soumission dans l'épreuve. Rien n'est moins rare dans la piété populaire qu'un déterminisme tout voisin du fatalisme mahométan et qui fait dire devant toute contrariété : « Nous ne sommes pas les maîtres », devant tout deuil : « C'était son heure », partout et toujours : « C'était la volonté de Dieu ». J'ai vu une croyante à laquelle on rapportait le corps de son mari tué par la foudre trouver le plus puissant motif de consolation dans la certitude que, celui qui avait dirigé l'éclair, c'était Dieu. Et c'est ce sentiment, dont il avait d'ailleurs relevé la trace en d'aussi hautes personnalités qu'Esaïe et saint Paul, auquel Calvin a donné dans sa doctrine de la Providence l'expression que l'on sait, effarante d'intrépidité :

Constituer « Dieu maistre et modérateur de toutes choses », même de celles « qui semblent estre les plus fortuites », non seulement des dispositions générales de la création mais encore et surtout des « mouvemens particuliers » qui provoquent ce que l'homme appelle les bénédictions et les épreuves ; admettre que, si Dieu témoigne de sa grâce « en humectant la terre de rousées et pluye » ou en accordant à certaines femmes « les mammelles bien fournies de laict », c'est par son commandement aussi que « les fruits sont mangez et consumez par bruynes et autres corruptions », ou que d'autres mères sont « quasi seiches » ; aller jusqu'à croire de même que si un marchand « entré dans une forest avec bonne et seure compagnie s'esgare » et se fait couper la gorge par des brigands « sa mort n'estoit point seulement preveue à Dieu, mais estoit decretée en son vouloir », et que si une branche tombe sur un passant et le tue « Dieu... a livré tel homme à la mort »... voilà le principe. Et la raison ? Elle est pour une part d'ordre métaphysique : ceux qui restreignent la Providence à de plus étroites limites « desrobent à Dieu sa gloire ». Mais elle est plus encore dans ce désir que nous signalions tout à l'heure qu'éprouve la piété d'une indéfectible garantie. « Ils se privent, continue en effet Calvin, d'une doctrine qui leur seroit fort utile » ; l'admettant « on se peut asseurément reposer en la protection [de Dieu]... veu que Satan... est réprimé par la volonté d'iceluy comme d'une bride et veu que ce qui peut contrevenir à nostre salut est submis à son commandement... » (*Institution* I.)

Mais il y avait un second moyen de préserver la certitude de la garantie. Dans le mythe biblique de la chute, Adam, bien que séduit par le serpent, demeure responsable de sa désobéissance. « C'est à cause de toi que la terre est maudite », lui dit l'Éternel en le chassant de l'Eden. Il était naturel de tirer de cela la conséquence que le scandale, dans la nature et dans l'histoire, est imputable au péché originel, œuvre libre de l'homme primitivement libre. C'est l'hypothèse souvent admise par la dogmatique ou la philosophie du christianisme. Elle a l'avantage de tenir compte de l'idée de justice autant que le dualisme, et de laisser à Dieu tout son pouvoir protecteur. Dieu reste le maître. Il domine les conséquences du péché. La souffrance physique et morale déchaînée par la désobéissance de l'homme, il la fait servir à ses desseins d'amour éternel. Elle devient pour le pécheur qu'elle atteint directement en retour de son péché un châtiment, et pour tous une école de sanctification. Tous, d'ailleurs, ne sont-ils pas solidaires en Adam ? Le larron en croix devient de ce point de vue le porte-parole de l'humanité quand il déclare : « Pour nous, nous souffrons ce que nous avons mérité ».

Il arrive cependant que l'évidence de la responsabilité échappe à la raison humaine et que, dans tel cas particulier, le scandale subsiste par la trop grande disproportion ou par l'absence de toute proportion entre l'épreuve et la faute constatable. Il est des circonstances où le mot de la destinée s'efface et devient illisible, où la mélodie de la vie se trouble ou s'arrête. La foi conseille alors la patience. Le mot subsiste ; les caractères ne t'en échappent que parce qu'ils ont démesurément grandi, à la mesure de Dieu qui continue à l'écrire et à le lire d'en haut (Fénelon). Les meilleures mélodies comprennent des silences, après lesquels, pendant lesquels la musique continue (Hœfding). Attends. « Heureux les affligés, ils seront consolés. » Ici-bas déjà peut-être, « à l'avènement du Seigneur », et sinon dans les cieux où il règne éternellement. De là l'importance pour la foi des eschatologies triomphales, des parousies, des paradis rémunérateurs, des au delà où tout s'achève et autres expressions de cette même certitude : Tout est bien, ou si tout n'est pas bien actuellement, un jour tout sera bien ; les valeurs peuvent être pour un temps en danger ; ce jour-là, Dieu qui n'a cessé de veiller sur elles, les mettra à l'abri de toute atteinte.

Et puis vient un degré — est-ce un degré supérieur ou la perfection du précédent ? — où le croyant ne dit plus même : Un jour tout sera bien, mais Tout est bien parce que tout sera bien, et plus absolument encore Tout est bien. *Tout est bien parce que la volonté divine qui dirige toutes choses est « bonne, et digne d'agré-*

*ment* ». A cette étape, la foi a fait un suprême effort. Pour mieux s'assurer la garantie des valeurs elle les a toutes résumées dans la volonté divine ; elle en est arrivée à n'admettre plus qu'une valeur : cette volonté même. Il y a quelque chose de cela dans le déterminisme de la prédestination calvinienne et dans celui de l'abandon stoïcien. Mais la confiance de Jésus, parce qu'elle ne croit point au déterminisme et qu'elle ne se rend pas sans lutte, réalise la perfection de la tendance. Croire comme lui à l'intervention possible de Dieu et persévérer dans la requête tout en redisant avec lui à Gethsémané : « Ta volonté, ô Père, et non la mienne », c'est la sublimité du sentiment religieux. C'est aussi le dernier et le plus ingénieux des nombreux moyens qu'il a mis en œuvre pour maintenir intègre en son Dieu la dignité de garant.

Cette ténacité de la foi a trouvé son expression intellectuelle dans le *dogme de la Rédemption*, qui complète dans la dogmatique chrétienne celui de la création. Dieu a créé. Il entend maintenir son œuvre. Qu'ensuite des entreprises d'un Adversaire, circonstances obscures, volonté ennemie en un démon ou chez les hommes, elle menace ruine, il la rétablit, il la rachète. De toute façon, envers et contre tout, il garantit. Et voilà la thèse prouvée :

Si la croyance ne peut prétendre et ne prétend pas à saisir son objet dans aucune intuition mathématico-physique générale, il existe en elle une intuition fondamentale. C'est celle de l'être, d'une existence ou d'existences auxquelles l'homme attache une valeur. Et Dieu, à son sentiment, c'est la force qui crée les valeurs et en assure la persistance. Il est parce qu'il a créé ; il est surtout parce qu'il agit chaque jour en garantissant. La courbe vitale de la foi se décrit et se ferme autour de ces deux pôles : *Güter*, *Götter*, dit Bousset, les valeurs et les dieux ; la valeur et Dieu.

---

## CHAPITRE II

# CE QUE LA CROYANCE AFFIRME QUE DIEU EST

### A. Le principe d'une classification possible.

La dogmatique traditionnelle divisait volontiers en deux groupes principaux l'ensemble des *perfections divines*, comme elle divisait en deux groupes l'ensemble des *preuves* de l'existence de Dieu. Et ce rapprochement n'est pas fortuit. Les perfections du premier genre, celles de *Dieu en soi*, sont manifestement du domaine de l'argumentation rationnelle pure. L'aséité, ou liberté métaphysique, caractère de ce qui est par soi-même *(a se)*, convenait à la Perfection dont la seule idée, hors de toute considération tirée du spectacle de l'univers, assure l'existence. Désigne-t-elle bien une modalité de l'être divin ainsi conçu ! N'en répète-t-elle pas simplement la définition ? Il le semble, et c'est le rôle à quoi paraissent réduites toutes les autres, éternité, infinité, immutabilité... Elles ne qualifient pas, ou ne qualifient que négativement, se bornant à nier qu'il y ait un rapport entre la manière d'être de Dieu en soi, affranchie de toute limitation, et celle de l'univers changeant, fini et passager. Et il est normal que l'homme, compris lui-même dans le monde, ne puisse rien affirmer sur ce que Dieu est et fait en dehors de l'horizon du monde. Peu importe aussi. Peu importe à la foi. Vains produits des jeux de la curiosité scolastique, les perfections métaphysiques de la divinité n'auront pas d'équivalents au sein de la croyance.

Celles du second groupe, perfection de Dieu dans ses rapports avec le monde physique (toute puissance, toute présence, toute science) et moral (sainteté, justice, amour), s'appliquent au Dieu de l'argumentation semi-rationnelle. Et elles définissent, car il y a entre l'être divin dans ses rapports avec le monde et sa manière d'être une étroite relation, à supposer même qu'on les puisse distinguer. Quand le raisonnement s'élevait *(via causalitatis)* de la constatation de l'existence des choses ou des esprits à l'idée du Dieu-Créateur (preuve cosmologique, *a contingentia mundi et mentis*), il statuait l'être de Dieu. Dès que, frappé de certaines dispositions physiques ou morales des choses ou des esprits, il passait *(via eminentiae, via negationis)* au Dieu ordonnateur, c'est la manière d'être ou les modalités de l'être divin qu'il déterminait. La même relation étroite s'établira du point de vue de la psychologie entre l'être du Dieu garant et sa manière d'être. Cette contingence, cette finalité sur l'observation desquelles s'appuyait le raisonnement traditionnel, c'étaient, indéfinies, mal définies souvent, des intuitions populaires de la réalité, des déterminations du monde du point de vue de certains intérêts spéciaux, c'est-à-dire des intuitions de valeur. Et c'est sur des bases analogues, les mêmes au fond, que la croyance opère quand elle qualifie Dieu. Son sentiment de la valeur a pour objet non l'être brut, dépourvu de toute qualification, et si je puis dire nu, mais des modes de l'être, diversement qualifiés et diversement appréciés déjà. Si donc le principe de la qualification scolastique peut s'énoncer : de la création au créateur, telle la création tel le créateur, celui d'une qualification moderne — et ce sera le même saisi plus près de sa source psychologique — pourra s'énoncer : des valeurs au garant, telles les intuitions des valeurs garanties, telles les qualités du garant.

Mais la variété des valeurs n'est-elle pas indéfinie, et indéfinissable, et chercher en elle le reflet des modalités de la divinité n'est-ce pas s'aventurer en un dédale sans issue ? Il est vrai que, l'appréciation de la valeur étant soumise à des circonstances individuelles très diverses, le nombre des valeurs possibles ou réelles est très grand et qu'à vouloir remonter d'elles à leur garant, on risquerait de se trouver en face d'une polymorphie divine ou d'un polythéisme fort touffus. En fait, dans mainte forme populaire de la piété chrétienne, un examen attentif dépisterait sans trop de peine quelque chose de la diversité des dieux, ou des fonctions divines, qui a longtemps paru caractériser les mythologies. On a pu comparer au culte des héros déifiés de l'antiquité la vénération des saints catholiques. Beaucoup des saints se retrouveraient dans le nombre des attributs du Christ ou des Christs protestants. Ces saints et ces Christs à leur tour, il ne serait pas impossible en bien des cas de les reconnaître dans les perfections, ou même dans les personnes du Dieu unique qui les réduit à sa suzeraineté et dont la monarchie se réalise plus ou moins laborieusement au travers de cette féodalité. Multiplicité *de dieux* à domaines séparés (potentats indépendants) ou de dieux vassaux d'un dieu unique (ministres à porte-feuilles divers), multiplicité *d'attributs* réunis en la toute-puissance du Dieu suprême, la multiplicité des perfections divines dans leur correspondance aux valeurs existe au sein de la piété.

Aussi bien il ne s'agit pas d'énumérer toutes les valeurs avec les modalités divines correspondantes, mais de chercher à en mettre en lumière les principaux types, en introduisant dans cette floraison très riche une classification rudimentaire. L'entreprise n'est pas téméraire. C'est la morale qui étudie les faits du point de vue de la valeur et le nombre des systèmes de morale possibles est restreint. Si, parmi les définitions communes de cette discipline nous nous arrêtons à la plus générale, *la science des rapports sociaux*, nous pourrons choisir comme critère de classification celui de *l'extension sociale de la valeur*. La valeur, en son extension sociale extrême, s'attache tantôt à l'un et tantôt au tout. Elle est tantôt valeur singulière et tantôt valeur universelle. Nous dirions dans le premier cas individuelle plutôt que singulière, si l'on veut bien comprendre sous le terme *individu* non seulement tel exemplaire humain opposé à tel autre à l'intérieur du groupe social, mais encore tel groupe social ou ethnique — famille, clan, nation, race — opposé à tel autre dans le champ de l'humanité ; autrement dit non seulement l'*un*, mais le *plusieurs* considéré dans son unité historique ou organique *(singuli)*. De ce point de vue la valeur est individuelle en ce qu'elle concerne *un* homme ou *un groupement* d'hommes dans la singularité de ses caractères distinctifs d'un autre homme ou d'un autre groupement. Elle devient universelle dès qu'elle intéresse l'*homme* et l'*humanité* dans l'ensemble des caractères qui constituent l'homme et l'humanité en les distinguant de l'animal et de la nature, dès qu'elle s'est élevée au-dessus et de l'un simple et du plusieurs unifié pour comprendre la totalité.

Cette distinction se légitime-t-elle en droit ? La question n'a pas de lieu ici. Il nous suffit — à l'intérieur de la croyance où nous nous renfermons pour le moment — et qu'elle existe en fait et que nous en puissions soupçonner la base psychologique. Or elle remplit l'une et l'autre condition. Elle est un fait. Il existe, à côté de morales et de religions à valeurs individuelles, des morales et des religions à valeurs universelles. Le prophétisme appartient à l'histoire aussi légitimement que le fétichisme ou l'une quelconque des religions inférieures. Si de tout temps la Violence a eu ses partisans, pour les avoir gagnés plus tard, la Justice a gagné les siens et les a gardés. Et, dans le camp des philosophies, tandis que Hobbes et Nietzsche cherchaient à préciser dans les variantes du « chacun pour soi » la règle de vie du *homo homini lupus*, Kant frappait celle du *Homo homini frater* : « N'agis jamais qu'en vertu d'une intention dont tu puisses vouloir qu'elle soit érigée en loi universelle. » On peut estimer cette formule fondée sur une illusion et sans consistance sérieuse ; on peut remarquer avec plus de chances de convaincre que le sentiment de l'universellement valable n'est pas universel, et que ceux-là mêmes qui prétendent l'avoir n'en réalisent pas l'idéal... elle n'en est pas moins là, dans sa volonté de n'être confondue avec aucune autre. Et il suffit qu'elle soit là pour que nous devions en tenir compte.

Et puis, et voici qui va servir à préciser notre classement, l'opposition semble bien avoir son origine dans les deux mouvements organiques de la spontanéité et de la réceptivité mentionnés plus haut ; ils y amènent en effet, au travers d'une évolution dont il n'est pas difficile de reconnaître les stades principaux. Le premier évolue dans la gamme de l'*amour* au sens le plus large du terme : sensation de sympathie contentée, provoquée par l'aisance avec laquelle un sujet s'étend dans l'être. Il apporte des *satisfactions émotionnelles égoïstes* nées du sentiment d'une facile adaptation de l'*individu* à la *nature* ; adaptation facile ou facilitée, si les exigences d'autrui lui font obstacle, à coups de ruse ou de force *(homo lupus)*. C'est la caractéristique d'un *type* d'intuition des valeurs que, nous rappelant le rapport primitif du mot au domaine de la sensation, nous appellerons en définitive *esthétique* et auquel correspondra, avec un certain type de religion, une certaine modalité générale dans l'idée du garant.

Le second s'accompagne à l'origine de *crainte* au même sens très général : sensation d'antipathie, de malaise due à une contrainte, à la rencontre d'obstacles dans l'expansion naturelle considérée comme normale. De cette résistance, généralement de nature sociale, naît la nécessité d'une *accommodation altruiste (homo frater).* A la notion de l'être de nature se substitue celle de *l'être social* rationnel. De l'individu se dégage la *personne* ; de la nature naît l'*humanité* universelle. Une intuition nouvelle de la valeur fait son apparition et fonde, en même temps que les morales et les religions *éthiques,* un second type général dans la conception du dieu garant.

Suivons de plus près l'une et l'autre tendance.

### B. Les types extrêmes.

Dans *le type esthétique,* LA VALEUR, représentée essentiellement par l'adaptation au bien-être, gît essentiellement dans le libre jeu de la vie naturelle. Elle n'intéresse que l'individu, l'homme, le clan, le peuple qui, au lieu de se considérer respectivement comme cellules ou comme molécules du grand corps de l'humanité, bornent leurs préoccupations à sauvegarder leur unité particulière, et consiste dans ce qui assure l'existence et la persistance de l'individu : vigueur musculaire, fécondité des unions, fertilité des champs, bonne chasse et bonne pêche, conquêtes guerrières, succès diplomatiques et économiques à tous les degrés... Sans doute, elle n'exclura pas absolument toute ingérence de l'altruisme. A l'intérieur du clan, entre les hommes associés en un clan et considérés comme simples cellules du clan, entre les clans associés en une nation et considérés comme simples cellules de la nation, entre diverses nations mêmes momentanément liées par des traités et considérées comme cellules de l'alliance, naissent des contraintes et des obligations diverses. Comme membre du clan l'homme se voit forcé de se désister de certains des « droits » de l'individu isolé ; il assume des « devoirs » que ce dernier ne connaissait pas ; de même le clan à l'égard de la nation ou la nation à l'égard de ses alliés. Les renoncements et les responsabilités de la solidarité sociale constituent des « éthiques » de différents degrés, dont les règles opposent souvent un puissant obstacle à la satisfaction des égoïsmes particuliers. Mais tant que ces mesures ne dépassent pas les limites de telle association donnée, clan, nation, alliance ; tant qu'elles sont prises en faveur de telle association dans son opposition à telle autre, leur morale reste *relative* parce que subordonnée en définitive à l'intérêt, à la valeur esthétique d'un groupe individuel.

Ce type prédomine dans les religions réputées inférieures et les caractérise. Religions des primitifs et des sauvages, religions du clan telles que furent celles des Sémites, religions nationales dont la Grèce et Rome réalisèrent les plus hautes manifestations. Mais on se ferait illusion en bornant là son empire. Précisément parce qu'il répond à une exigence psychologique foncière de l'âme humaine, sa vitalité s'affirme plus ou moins audacieusement dans le sein même des religions supérieures. Les grands prophètes ont gravi les cimes et les ont révélées à leurs peuples. Le niveau de la piété populaire ne s'est que bien rarement élevé ou maintenu à cette hauteur. On se tromperait gravement en cherchant la religion des révélateurs partout où leur nom est vénéré. Tandis que Moïse au sommet nébuleux du Sinaï grave sur la pierre les commandements de l'Éternel, Israël dans la plaine retourne à l'idole égyptienne. Tandis qu'en l'esprit du prophète la valeur a revêtu l'ampleur de l'universel, de soi-disant fidèles couvent avec sollicitude leurs intérêts spéciaux. L'autorité d'un Zarathoustra, d'un Isaïe sert à couvrir le particularisme politique étroit du parsisme et du judaïsme postérieurs. Celle de Platon ne met pas en échec le nationalisme hellénique ; celle de Jésus lui-même n'a pas empêché jusqu'ici la division du christianisme en églises spécialement nationales, qui épousent à l'occasion les querelles des pouvoirs auxquels elles sont liées. Et au sein même de ces religions de la nation que sont souvent en fait, en la majorité des croyants, la plupart des religions supérieures actuelles, peuvent refleurir les égoïsmes plus étroitement individuels du clan ou du sauvage insociable... Serait-il injustifiable de ranger dans la même classe, à côté des égoïsmes matériels qu'inspire le désir du bien-être terrestre, à l'extrême si l'on veut mais à l'extrême de la même classe, ces égoïsmes spirituels raffinés où domine la préoccupation trop exclusive du salut individuel ? Individualisme mystique, exclusivisme des sectes qui répètent en leur vocabulaire le « hors de moi point de salut » de l'Église de Rome, intolérance des confessions « seules vraies » ? Une analogie capitale nous y autorise ; c'est que, dans l'un et l'autre cas, le rapport du croyant à la divinité est conçu essentiellement sous le mode d'une nécessité de nature d'où la liberté morale est exclue. D'un côté comme de l'autre, la garantie de la valeur est obtenue mécaniquement, au degré le plus élevé par l'admission intellectuelle d'une confession de foi, ailleurs par la seule observance du rite, par la seule offrande du sacrifice prescrit. C'est le contrat du donnant donnant, rendu possible par cette sorte d'égalité matérielle, de consanguinité que supposent certaines formes du sacrifice sanglant. Quand Moïse veut conclure l'alliance d'Israël avec Jéhovah, il immole les taureaux sacrés, verse une moitié du sang sur l'autel où le dieu selon la croyance antique le boira, et, de l'autre, asperge le clan. « C'est, dit-il (Exode XXIV), le sang de l'alliance », le sang qui établit entre les parties contractantes une étroite parenté physique. Il n'est pas dit que cette antique conception, sublimisée, n'inspire pas de loin, dans le monde chrétien catholique ou protestant, certaine conception de la valeur de la mort du Christ. Mais voilà qui nous achemine vers une conclusion.

La divinité qui garantit les valeurs esthétiques est essentiellement *une force physique*. Tout le thème religieux, dans ce type, se déploie dans les limites de la nature. A l'invocation d'un sujet impliqué en elle, et qui demande les biens dont elle est la dépositaire, répond un dieu intimement uni à elle. Un dieu ? plusieurs dieux ? la question est relativement secondaire. Cela dépendra, ainsi que Hœfding le remarque après Schleiermacher, du degré de civilisation politique, intellectuelle et morale auquel sera parvenu le croyant. A mesure que la vision de l'univers s'élargit, et en s'élargissant se simplifie, la notion de la divinité s'élargit et se simplifie ; à mesure que l'intelligence découvre la connexion des phénomènes qu'elle tenait pour indépendants, et parvient à la notion plus ou moins vague des lois naturelles, les esprits primitifs, fétiches « momentanés » et bons à tout faire (Hœfding), souvent anonymes, qui animaient les premiers, montent à la dignité de dieux permanents « spéciaux », dignes représentants des secondes. Cette promotion de l'existence occasionnelle à une existence personnelle durable, où le progrès de l'organisation politique dans le clan et la nation a eu sa part aussi, caractérise l'avénement du polythéisme proprement dit, ou de la monolatrie qui n'en représente qu'une variante. Quand enfin le soupçon d'une liaison profonde quelconque entre les lois aura fait poindre, à travers l'incohérence de la vision chaotique et la diversité de la vision pluraliste, l'unité possible d'une vision moniste du monde, *les forces* hiérarchisées obéissant désormais à *une force*, c'est le monothéisme naturiste, le monisme matériel du panthéisme qui apparaîtra. C'est le monde en son mystérieux principe qui sera divinisé sous des noms divers : Moire, Fatum, Destin, Fortune, ou simplement Monde, ou Tout, toujours le même, de la Nécessité des anciens au Dieu que Schleiermacher après Calvin conçoit essentiellement sous l'angle de la toute puissance absolue. En son fond, une DIVINITÉ IMMANENTE à la nature, et qui, bien considérée, ne manquera pas d'avoir de la nature la toute puissance despotique, la toute présence matérielle, la force impersonnelle et aveugle.

*Le type éthique*. Nous avons signalé les conflits que peut susciter l'intérêt de la famille ou du clan quand il s'oppose à l'intérêt du particulier, celui de la nation opposé à ceux de la famille. Il y avait là, pour chaque degré considéré du point de vue du groupement supérieur, des morales relatives et en conséquence, finalement, de nature esthétique. Déjà cependant, pour l'individu dont l'horizon social se borne à celui du groupement et qui accepte ou prévient librement des exigences qui lui paraissent absolues, ces morales pouvaient prendre toute l'apparence de l'éthique. Qu'à la place de l'intérêt, jusqu'ici suprême, de la nation ou d'une alliance entre nations se présente l'intérêt du groupement le plus général, celui de l'humanité dans son ensemble et qu'il prévale — et, l'humanité n'étant point un corps politiquement constitué capable de contrainte, il ne peut prévaloir que librement — un progrès décisif sera fait. On aura passé dans le domaine du sentiment éthique proprement dit et de la morale absolue ou qui prétend l'être. Universellement *valable*, non universellement *valante*, à l'état de devenir, de devoir être, parce que l'Humanité est un groupe idéal, simplement possible, à réaliser et qui se réalisera en même temps qu'elle et par elle.

La présence d'une VALEUR UNIVERSELLE caractérise en leur principe les religions supérieures. C'est leur opposition à l'individualisme ambiant dans ses diverses circonscriptions, et généralement à l'individualisme national, qui distingue les grands prophètes et leur vaut leurs difficultés; à Zarathoustra ses fuites désolées, à Confucius l'exil, la ciguë à Socrates, aux prophètes d'Israël les persécutions des rois et des prêtres. Le nouvel idéal ne sera plus le privilège d'un peuple à l'exclusion des autres. Pour Zarathoustra, il n'existera plus que deux royaumes, celui de la lumière et celui des ténèbres, qui départagent les hommes en les deux seules classes désormais admissibles, les bons et les méchants. Platon et ses disciples accorderont aux Barbares aussi volontiers qu'aux Grecs le pouvoir de s'élever du monde sensible au monde éternel des idées. Mais nulle part le progrès dans l'extension de la valeur n'est mieux marqué que dans la révélation d'Israël ; nulle part l'évolution n'y prit plus nettement les allures de la révolution. La religion d'Israël paraît avoir été à l'origine ce qu'elle fut pendant de longs siècles, nonobstant les écarts polythéistes de certaines époques, une monolâtrie : le culte d'Iahvé, dieu des clans primitifs d'Abraham, d'Isaac et de Jacob, et qui, au Sinaï, par l'intermédiaire de Moïse, a renouvelé et affermi son alliance avec le peuple. L'influence du dieu est restreinte aux limites géographiques de son peuple ; au delà règnent sur d'autres peuples d'autres divinités. Aux Ammonites qui cherchent querelle, Jephté fait observer qu'Israël a droit à la possession des terres que lui a conquises l'Éternel son dieu, et que d'ailleurs il ne conteste pas à Ammon les terres à lui conquises par son dieu Kemosch (Juges XI). David poursuivi par Saül et exilé se plaint surtout de la perspective d'avoir à « servir des dieux étrangers », et de « mourir loin de la face de l'Éternel » (1 Samuel XXVI). Et lorsque Naaman le Syrien demande à Élisée d'emporter « une charge de deux mulets » de terre, sur laquelle il pourra retrouver en Syrie le dieu d'Israël qui l'a guéri, le prophète n'a nullement l'air de trouver la précaution inutile (2 Rois V). Jusqu'ici le principe de la morale israëlite est resté de nature individualiste. Mais entre le VIIIe et le VIIe siècle, au moment même où la prospérité nationale parait à son apogée et où les valeurs à elles attachées pourraient avoir le plus de prix, des catastrophes politiques vont favoriser l'avènement de la valeur universelle. Dans le choc formidable de l'Égypte et de l'Assyrie qui se heurtent dans les plaines de Palestine, Samarie et Jérusalem vont périr. Israël, peuple élu de l'Éternel, est anéanti. Le dieu de la nation n'a pas préservé la nation. Qu'en faut-il conclure ? Que Marduk, dieu de Ninive, est plus puissant qu'Iahvé ? Que Iahvé est vaincu et que son règne va finir ? Ici interviennent les prophètes. Iahvé, affirment-ils, n'est pas vaincu, il a vaincu. La défaite d'Israël, c'est sa victoire. Ce n'est pas Marduk, vaine idole, qui conduisait les armées de Ninive ou de Babylone, c'est l'Éternel. Israël se corrompait dans le culte des égoïsmes. L'orgueil des rois, l'injustice des riches « qui ajoutent maison à maison » ; le laisser aller des jeunes gens qui, « mollement étendus sur leurs couches, boivent le vin dans de larges coupes » ; la frivolité des femmes, « orgueilleuses... le cou tendu, les regards effrontés » ; la perversion générale qui fait qu'ils « appellent le mal bien et le bien mal » crient vengeance. « Voici venir *de la part du Seigneur* un ennemi puissant. » C'est l'Éternel qui va sévir contre Israël, et l'écraser « dans son aire comme du grain ». Il va se servir de l'étranger pour châtier ce peuple, le sien, qui a mis sa confiance en des valeurs fragiles ou détestables, et pour l'amener au sentiment de la vraie valeur. La vraie valeur, c'est la sainteté intérieure, et la justice fraternelle qui fondera la paix entre toutes les nations. Ce sont ces biens-là, qui sont universels, que garantit l'Éternel, maître de l'Univers. Le peuple qui veut durer n'a d'autre ressource que de les faire siens et de lier sa fragilité à leur permanence. « Recherchez le bien, faites régner la justice, et qu'ainsi l'Éternel soit avec vous. » Ainsi s'épanouissait avec magnificence la révélation prophétique (Ésaïe I, II, IV, V, XXI, XXXVIII, Amos, V, VII).

Si telle est la valeur éthique, que dire de LA DIVINITÉ qui s'en porte garante ? Tout d'abord elle sera unique ; elle ne pourra être qu'unique. C'est évidemment le seul et même Dieu qui propose à tous le même idéal et qui veille partout et toujours à sa réalisation. La religion éthique comportera le monothéisme, mais un monothéisme spirituel. Le Dieu unique sera nettement distingué de la nature. Il n'y aura pas dualisme proprement dit — pas même, au fond, dans le parsisme avons-nous vu — mais la divinité érigera hors de la nature une volonté, une loi qui la dominera. Le seul culte qu'elle agréera consistera dans la conformation de la volonté, de la loi intérieure du croyant à sa Volonté, à sa Loi. Elle n'y souffrira plus trace de rite.

> Qu'ai-je affaire de la multitude de vos sacrifices ?
> ...J'ai en horreur l'encens... les sabbats et les assemblées.
> Cessez de mal faire. Apprenez à faire le bien. (Ésaïe, I.)

Le culte du Dieu des prophètes sera avant tout une

obéissance morale, et il sera cela parce que la première perfection du Dieu sera d'être Force morale extérieure au monde ; en un mot un Dieu transcendant. Ainsi Ahura Mazda dans son opposition au règne d'Ahriman ; ainsi l'Intelligible planant sur le sensible dont il est d'ailleurs la source ; ainsi le Créateur de la Genèse, qui reste en dehors de son œuvre, ainsi le *Saint* du vieux et du nouveau Testaments. Le Saint, c'est-à-dire *le séparé, le mis à part*, celui que distinguent du monde sa majesté et sa pureté sans égales, une gloire si étrangère à tout ordre naturel que l'homme n'en supporte pas l'éclat. « L'homme ne peut me voir et vivre » (Exode XXXIII). « C'en est fait de moi, homme aux lèvres impures, car mes yeux ont vu le Roi, l'Eternel des armées » (Ésaïe VII). Force libre extérieure au monde, l'imagination se représentera souvent ce Dieu, selon l'analogie de la liberté humaine, comme une personne. Et, quand elle sera conséquente, la notion de personne ne comportant pas l'infini, comme une *personne finie*, à présence locale, à puissance relativement limitée.

## C. Le type normal.

Le terme de normal suppose une appréciation des tendances en présence. Pas un choix, — si choisir du moins implique une adhésion subjective, — une appréciation objective. Du point de vue historico-psychologique l'observateur accorde aux divers aspects de la croyance le même droit à l'être. Ils sont, et cela suffit. Faisant abstraction de tout intérêt personnel il les étudie avec la même curiosité impartiale que le biologiste les espèces naturelles. Mais, dans le champ de l'évolution morale comme dans celui de la nature, la simple observation conduit à un classement tout objectif parce que le principe en est fourni par les faits eux-mêmes. Le critère, c'est celui de la sélection naturelle ; la distinction, la même qu'entre les espèces naturelles : Normaux les exemplaires robustes, les vainqueurs dans la concurrence vitale, ceux qui subsistent parce qu'ils ont la plus féconde aptitude à favoriser le développement de l'espèce. Anormaux les autres. De ce point de vue lequel des deux principaux types de la divinité est-il normal ; ou l'un et l'autre seraient-ils normaux ? Ni l'un ni l'autre exclusivement l'un de l'autre. Il nous suffira pour le prouver de les considérer chacun isolément dans leurs conséquences dernières, rarement observables d'ailleurs. Poussés à l'extrême de leur développement logique l'un et l'autre en effet, le type religieux esthétique ou de l'immanence comme le type religieux éthique ou de la transcendance, s'anéantissent eux-mêmes en anéantissant la religion.

*Le type esthétique ou de l'immanence* conçoit la divinité essentiellement sous l'espèce d'une force naturelle. Dans ses réalisations historiques les plus élevées, il aboutit à un panthéisme dont le matérialisme ne s'avoue pas toujours, mais qui est pourtant toujours une divinisation du monde. Certaines philosophies, poursuivant et parachevant l'œuvre de la réflexion religieuse, feront le pas devant lequel cette dernière s'arrêtait. Elles poseront nettement l'équation : Dieu c'est le Monde, le Monde c'est Dieu. Pour Spinoza, il n'y aura pas d'autre moyen de connaître Dieu et d'obéir à sa volonté que d'étudier la nature et de se soumettre à ses lois. Admettre le contre nature, ce sera pour lui faire profession d'athéisme (*Traité de théologie et de politique* VI). Or, tant qu'il est vécu, le drame religieux comporte deux personnages : en présence du *je* qui implore pour la garantie de ses valeurs, un *Tu* qui lui répond en les garantissant. Si Dieu et le monde se confondent, si c'est le fait, les faits dans leur brutalité, si c'est la loi, les lois dans leur imperturbable nécessité qui sont Dieu, Dieu devient inexorable au sens propre du mot : insensible à l'oraison. En même temps que Dieu, c'est l'âme elle-même d'ailleurs en qui l'individualité s'efface et qui sombre dans le grand tout. C'est le sujet de la religion qui se voit absorbé dans son objet sans limite et sans nom. Le dialogue a double raison de se taire. Si Marc Aurèle admet sans restriction l'immanence divine, sa prière au Monde n'est qu'une figure de rhétorique, et Spinoza ne prie pas. Le silence de la prière, c'est la mort de la religion.

Sans doute le processus va par degrés et ménage des variantes. A l'origine historique et psychologique de la tendance, dans ses formes primitives ou dans ses manifestations clandestines au sein des religions supérieures, la divinité n'étant conçue que comme force momentanée ou partielle et n'ayant point encore aux yeux de la foi l'écrasante indifférence du Tout, le croyant pense en obtenir du secours. Même il se fait fort de la réduire à son service par application de pratiques ou de formules appropriées. Sorciers, médecins ou faiseurs de pluie des Indiens et des nègres, Chamans mongols, fakirs indous et derviches de l'Arabie connaissent les moyens de faire obéir les dieux utiles, et de conjurer les démons. Il convient de rattacher à ce groupe, outre certaines superstitions populaires très répandues, toutes les manifestations de vie religieuse au cours des siècles et jusque dans le christianisme moderne que domine la croyance à la puissance magique du rite cérémoniel, ou du mérite des œuvres, et du formalisme en ses divers aspects ; elles dérivent de la même conception. Plus tard, la croyance ayant entrevu l'unité profonde de toutes les forces et s'étant élevée à l'idée du monisme divin, elle se rend compte de l'outrecuidance de la prétention. Elle y renonce. Elle se résoud à obéir, elle. Elle tourne au fatalisme, et selon que l'abandon s'accompagne de confiance ou de résignation, à un fatalisme optimiste ou à un fatalisme pessimiste. On reconnaîtra le premier dans mainte forme du mysticisme antique ou moderne. Quant au second, dont l'Islam donne entre toutes les religions historiques un exemple frappant, nous avons remarqué que la piété populaire en est assez généralement imprégnée. Enfin, à l'extrémité du développement, quand la réflexion a reconnu parfaite l'identité de la divinité et de la nature, c'est le pessimisme absolu qui l'emporte. Il a trouvé son expression la plus adéquate dans la formule bouddhiste du nirvana, que les philosophies de Schopenhauer et de Hartmann ont cherché à acclimater en occident. La conception du dieu-Nature, dieu-Tout et dieu-Rien, finalement Non-dieu y a produit sa noire moisson de désespoir : le désir de la mort, et, avant lui, la mort de la religion.

En fait les religions du type esthétique ne paraissent avoir qu'une vitalité passagère. Les inférieures, fétichistes, polythéistes, monolâtriques, continuent à céder devant l'assaut de la civilisation. Celles des manifestations des religions supérieures qui supposent les mêmes tendances psychologiques : fétichisme du rite, polythéisme de la vénération populaire des saints ou des symboles trinitaires officiels, monolâtrie des cultes nationalistes ne s'avouent généralement pas à elles-mêmes et ont soin de rester à l'enseigne des principes prophétiques, reconnaissant ainsi implicitement la supériorité de ces derniers. Le progrès de l'Islam en Afrique n'est que relatif ; sur l'ensemble du globe il est dépassé de beaucoup par celui du christianisme. Le Bouddhisme populaire est très vivant. Mais c'est grâce au fait qu'il ignore le pessimisme du nirvana. Quant à ce dernier, c'est actuellement une remarque banale de ne voir en son propos qu'une illusion, l'idéal de tous le plus difficile à atteindre, parce qu'il est celui de l'extinction du désir de vivre. Mais il suffit que ceux-là mêmes qui le recherchent aient fait vers lui la moitié du chemin pour qu'en eux, tant son dieu-nature est peu Dieu, la religion soit atteinte au cœur. Dès lors, le type de valeur esthétique et la divinité qui lui correspond, considérés à l'exclusion de tout autre, ne peuvent passer pour normaux.

Par une marche tout inverse *le type de la transcendance éthique* aboutit à une faillite analogue. Le point d'attache de la tendance? Il est dans le spiritualisme même du culte de la valeur éthique, qui présuppose la liberté de l'homme et en encourage le développement. La divinité y méprise toute offrande matérielle qui prétendrait établir entre le croyant et elle un rapport de nécessité physique. On ne peut mieux l'adorer qu'en faisant preuve de liberté, en recherchant la sainteté et en pratiquant la justice. Et la première de ces vertus se propose sans doute la communion religieuse avec le Dieu qui a dit : « Vous serez saint car je suis saint ! » ; elle est encore davantage le moyen de la seconde, qui est, elle, de nature toute morale. Il faut tendre à la sainteté personnelle et développer en soi la liberté pour mieux exercer la justice fraternelle, et pour mieux favoriser le développement de la liberté d'autrui. Ainsi le culte tend à se résumer dans l'action des personnalités, et la religion se trouve intimement liée en principe avec la morale en quoi elle a sa fin. La tendance poussée à l'extrême fera de cette intimité une confusion au profit de la morale, et de cette action libre de la personne une royauté sans conteste. Ici encore des philosophies, dont celle de Renouvier est la plus caractéristique, ont exprimé avec toute la clarté désirable les conséquences dernières du principe. Mais notons-en les principales étapes au cours des religions juive et chrétienne :

A l'origine, les principes des grands prophètes dont la piété de la synagogue et celle du temple protestant ont l'ambition de s'inspirer. Le culte y est exempt de tout ritualisme, et spirituel au plus haut degré. Mais il existe, et joue dans la vie du croyant un rôle plus ou moins considérable. La liberté humaine n'y rend point superflue l'aide de Dieu. Elle dépend du Dieu qui la domine et la dirige. Maître de lui, le croyant reste encore serf de Dieu. Il obéit à l'inspiration, à la conscience, à la Parole considérées comme voix du Dieu saint :

> Le lion rugit, qui ne serait effrayé ?
> ... L'Éternel parle : qui ne prophétiserait ? (Amos)

Il leur demande conseil et secours. Il prie : Dieu lui répond. Il y a entre l'homme et la divinité transcendante relation réciproque.

Mais le sentiment de la liberté s'exalte. N'est-il pas dans son essence de se suffire à elle-même ? N'est-ce pas cette indépendance qu'elle doit rechercher ? Le secours extérieur dont elle avait peut-être besoin pour ses premiers actes ne risque-t-il pas plus tard de l'entraver ? Se propose-t-il autre chose que de lui apprendre à agir seule, afin d'être elle-même et digne de son nom ? La liberté est autonome, ou elle n'est pas, dira Kant. Dieu, qui l'a créée telle, la laisse agir selon son essence, c'est-à-dire seule. La grâce divine pourtant, dans la religion telle que la comprenait ce grand penseur, n'est pas un vain mot. L'homme peut y croire et espérer que peut-être elle achèvera ce qu'il ne pourra lui-même achever. « En pratique », il ne doit pas tenir compte de cet espoir, qui pourrait l'inciter à la paresse. Ainsi Dieu existe, capable de secourir ; et par là, la thèse interprète encore la pensée prophétique. L'homme doit agir seul, en vertu de la liberté même dont Dieu l'a pourvu ; et par là elle rejoint le déisme rationaliste des religions philosophiques ou naturelles qu'ont vu naître les temps modernes. Leur premier dogme est celui d'une transcendance absolue, où tout lien entre la divinité et le croyant est rompu ou près de l'être. Plus de culte désormais, en effet, parce que plus de réciprocité dans les rapports ; plus de rapports. De ce côté aussi, le silence de la prière. Le sage ne voit pas, écrit Saint-Preux à Mme de Wolmar, « qu'après avoir pourvu de toute manière aux besoins de l'homme, Dieu accorde à l'un plutôt qu'à l'autre des secours extraordinaires. » Ou bien la prière conçue comme exercice de la vie intérieure par lequel, en nous élevant à Dieu, nous nous changeons nous-mêmes et nous donnons à nous-mêmes ce que nous lui demandons. « Tout ce qu'on lui demande comme il faut, dit en effet Rousseau, *on se le donne.* » Formules caractéristiques, qui nous permettent de passer sans effort au degré ultime du développement. L'homme qui se donne à lui-même ce qu'il demande à son Dieu est bien près de se considérer comme son propre Dieu. Dans l'idéalisme subjectif à la Fichte la métamorphose est faite. Devant les conquêtes répétées de la liberté humaine le Dieu saint a peu à peu abdiqué ses droits. Il avait renoncé déjà à toute velléité d'intervention dans les affaires humaines. Sa personnalité pâlit dans l'éloignement où elle se confine. Sa volonté s'efface. La voilà réduite au rôle silencieux d'une loi, à la maigreur d'une abstraction. Mais Dieu ne s'est anéanti ainsi que pour revivre en un autre lui-même. Ce qu'il perdait en forces vives, c'est l'homme qui, au fur et à mesure, le gagnait. Il ne s'évanouissait pas; ou ce n'était là qu'une apparence : il s'évadait de sa personne idéale pour revêtir sa personne réelle, l'homme libre ou la société des hommes libres. Comme la divinité immanente avait trouvé sa réalisation parfaite dans la Nature, la divinité transcendante trouve la sienne dans l'Humanité. Dieu, c'est désormais l'Humanité.

En fait, à chaque fois qu'elle a voulu s'affirmer, la transcendance absolue a trahi son impuissance à faire vivre une religion. Ses manifestations historiques dans le rationalisme du judaïsme et du protestantisme libéral ont une remarquable action morale et sociale. C'est dans leur haut idéal de la dignité de la libre personne humaine que la démocratie a ses origines. Mais ce qu'elles donnent à la Cité elles semblent l'enlever à l'Église. Elles ont peu de sève religieuse. Quant aux produits tout artificiels que sont les religions conçues « dans les limites de la raison » de la philosophie déiste, et au nombre desquelles rentrent en dépit des mots les religions « naturelles », leur insuccès les a jugés. Et tout aussi sévèrement la pure religion de l'humanité que le positivisme de Comte s'efforça d'instaurer.

★

Les types absolus réduisant la religion à néant, on peut poser en principe qu'en toute religion vivante et vécue ni l'un ni l'autre n'est réalisé dans son exclusivisme ; ils doivent au contraire y exister côte à côte ou plutôt s'y compénétrer.

Les réductions que nous venons de tenter ne se présentent en fait que rarement, et s'achèvent dans le champ de la spéculation philosophique plutôt que dans celui de la religion. Il serait inexact de définir les religions de tendance esthétique par la seule immanence de la divinité. Ce sont celles où la divinité est envisagée *surtout* dans son immanence au monde. La valeur y est *généralement* esthétique ; elle n'y est pas dépourvue de tout caractère éthique. Dès le premier essor de la civilisation le désir du salut de l'âme se manifeste ici et là, à côté des préoccupations matérielles, ainsi que le témoignent la prière d'Alceste, ou celle du psalmiste : « O Dieu, crée en moi un cœur pur ». Et avant même que la conscience de l'Humanité se soit manifestée nulle part, la morale de ceux qui considèrent comme absolues les exigences du groupe ethnique ou historique dont ils font partie et renoncent pour leur obéir à des intérêts privés quelquefois considérables, s'inspire de leur point de vue d'un universalisme relatif au moins. Nul ne prétendra que le héros qui meurt pour la patrie, si étroitement monolâtrique que puisse être par ailleurs sa piété, ne soit sensible qu'aux valeurs de l'être. Il faut s'attendre à trouver dans la conception de la divinité une mesure proportionnée de transcendance. Et la transcendance est impliquée, à tous les degrés de la piété esthétique, dans l'intérêt même que la divinité porte au croyant. Elle est nature, la divinité ; mais si, devant son impassibilité prolongée, le croyant s'avisait qu'elle pourrait bien n'être que nature, elle perdrait à ses yeux son prestige. Tant qu'elle s'émeut, tant qu'elle secourt elle est encore autre chose, elle est davantage ; elle est, si peu que ce soit et plus ou moins selon les cas, force distincte qui anime et dirige la nature, et qui l'a fait dieu.

De même les religions à tendance éthique sont celles où la divinité est envisagée *d'abord* et *avant tout* dans sa transcendance au monde : il ne faudrait donc pas les définir par la seule transcendance. La valeur religieuse purement universelle n'existe que dans le champ de l'abstraction. Dans la réalité on ne la trouve qu'associée à quelque intérêt esthétique. Il y a, pour les prophètes, un lien étroit, de cause à effet, entre l'obéissance aux lois de la justice universelle et le salut individuel. En établissant le règne de la fraternité humaine, la justice assurera et le bonheur des particuliers et celui des peuples. Israël restauré exercera même, sur les nations qui auront reconnu l'universalité du Dieu dont il leur révélait la volonté une pacifique et toute spirituelle, mais glorieuse hégémonie :

Il arrivera...
Qu'à la Montagne de l'Éternel... (Sion)
Toutes les nations afflueront... et diront :
Venez et montons à la Maison de l'Éternel...
Il sera l'arbitre des nations...
Elles forgeront leurs épées en socs de charrue
Et leurs lances en faucilles. (Esaïe II.)

Pour assurer sa royauté finale et tenir ses promesses il faut bien que l'Éternel soit en contact avec la nature, et qu'il en dirige le cours. En fait, Dieu de la justice, Dieu saint et par sa sainteté même séparé du monde, il n'en demeure pas moins le maître de ce monde, qu'il a créé. Privé de tout moyen d'action dans et sur la matière, comment porterait-il secours? Il existerait peut-être, mais comme s'il n'existait pas, aussi négligeable en son impuissance inutile que tout à l'heure en sa toute puissance indifférente. Nulle part, là où elle vit, la piété morale ne conçoit la divinité en dehors de toute immanence.

Dans ses manifestations les plus diverses, la croyance suppose donc, parallèlement à une compénétration en l'homme des valeurs, en Dieu une union intime de l'immanence et de la transcendance. Et de ce point de vue très général, toutes les religions ont toujours eu et ont toujours pour objet la même divinité : un Dieu distinct du monde et qui pourtant agit dans le monde ; un Dieu uni au monde et qui pourtant ne se confond pas avec le monde. D'accord en fait dans le principe de cette union, c'est à propos du mode qu'elles divergent, — selon que prédomine en leur inspiration l'intérêt de l'individu ou celui de l'universel, — les unes vers la conception de l'immanence panthéiste, les autres vers celle de la transcendance déiste. Si le christianisme, de toutes incontestablement la plus féconde dans le passé et la plus riche en perspectives d'avenir, se présente comme l'exemplaire le mieux réussi et, en ce sens admis plus haut, comme la norme du genre, ne serait-ce pas que, impliquant les éléments ailleurs mal balancés, il en maintient le juste équilibre, l'union organique véritablement vitale?

★

La valeur *selon l'Évangile*. — Cette union, il ne la maintient pas sans peine assurément, ni partout, ni toujours, en tout cas si l'on en juge d'après les formules de ses dogmatiques. Les deux grands courants auxquels se rattachent les théories de la rédemption chrétienne peuvent être caractérisés en effet l'un par la prédominance du type esthétique, l'autre par celle du type éthique.

*Les théories juridiques*, dont la terminologie est due à Saint-Paul, appuient la rédemption sur la mort de Jésus considérée comme *sacrifice expiatoire*. « Christ nous a rachetés de la malédiction... en devenant malédiction pour nous, car il est écrit : maudit est quiconque est suspendu au bois » (Galates III). L'homme ayant par son péché offensé Dieu et lui devant une réparation, c'est pour lui, en son nom, à sa place, que le Christ verse son sang et meurt. Cette substitution, comprise en un sens plus ou moins juridique ou plus ou moins mystique, acquitte une fois pour toutes la dette du péché et vaut à l'humanité *un salut « objectif »*, auquel l'effort ou le mérite humain ne collaborent en aucune façon : c'est le salut *par la seule grâce de Dieu* (Romains III-IV). Si certains en paraissent exclus, c'est qu'en vertu d'une *prédestination* éternelle, Dieu « fait miséricorde à qui il veut, et endurcit qui il veut », — au moins pour un temps, quitte à les sauver tous à la fin (1 Corinthiens XV). C'est la thèse générale admise, dans ses grandes lignes, par l'orthodoxie des principales Églises chrétiennes. Son déterminisme foncier l'apparente au type de religion esthétique. La certitude d'une grâce inamissible, acquise par le sacrifice d'autrui, est de nature à apaiser le désir individualiste du repos, de la confiance ou de la complaisance dans l'être qui en est le mobile profond ; et la position de la valeur dans l'être suppose le Dieu immanent. Si hautement morale qu'en dépit du principe elle ait souvent été dans la pratique, — parce que la pratique se joue souvent des principes, — elle a pour conséquences logiques les manifestations inférieures de l'individualisme mystique ou politique ; celles aussi de ce ritualisme qui fait le principe de la théorie catholique, et, souvent, la réalité de la pratique protestante.

A l'opposé s'est développée *la théorie morale*, suite historique du prophétisme, comme la théorie du sacrifice était la suite historique du culte lévitique. Le rôle de Jésus paraît s'y réduire à celui de héraut révélateur. Il n'y est plus question d'expiation vicaire. La *rédemption* est conçue comme éminemment « *subjective* ». Elle consiste à suivre, dit l'épître de Saint-Jacques, la parole nouvelle de l'Évangile, « loi parfaite, loi de la liberté », que la liberté humaine peut et doit mettre en pratique. La foi intellectuelle ou mystique n'y suffit nullement à elle seule. « La foi, sans les œuvres, est morte ». « La religion pure et sans tache consiste à visiter les orphelins et les veuves... et à se préserver pur du monde »; autrement dit, et nous retrouvons ici l'idée chère aux prophètes, elle est dans la pratique de la justice sociale et de la sainteté. Saint-Jacques marque ici au sein du christianisme le point de départ, ou l'un des points de départ, du mouvement hétérodoxe dont les pélagiens ont donné les formules extrêmes. On y aura reconnu les signes du type éthique : position de la valeur dans l'être social et dans la liberté, et de la divinité dans la transcendance.

Saint-Paul et Saint-Jacques, l'homme au langage orthodoxe et l'homme au langage hétérodoxe, restent chrétiens cependant tous deux parce que, en dépit des conséquences de l'exclusivisme apparent de leurs formules respectives, leur piété unit — elle peut unir — les deux tendances. La foi que l'un attribue à la *grâce* du Dieu de miséricorde a été féconde en œuvres sociales ; les œuvres que l'autre met au compte de la *liberté* humaine n'excluent nullement le secours du Dieu saint, « auteur de toute grâce excellente et de tout don parfait ». Selon que les y porte leur tempérament, ils suivent l'une ou l'autre direction ; mais ces mouvements, s'ils divergent, ont le même point d'attache. Ils se composent, et la direction idéale qu'ils arrivent, cahin caha, à imprimer à l'Église chrétienne paraît bien celle qu'a voulue le Fondateur et que veut l'Inspirateur, celle de l'esprit du christianisme. Les Évangiles synoptiques donnent l'impression qu'en Jésus se présente l'unité parfaite, par union organique des types dans le choix de la valeur, et des attributs dans la conception de la divinité.

« *Le royaume de Dieu* est proche, dit Jésus en un passage où l'évangéliste entend donner le programme, et comme la substance de sa prédication, repentez-vous et croyez à la bonne nouvelle » (Marc I). Cette réalité ou cette espérance, que les paraboles en particulier s'attachent à décrire, constitue dans l'Évangile la VALEUR par excellence : « Le royaume des cieux est semblable à un trésor caché dans un champ. Un homme, l'ayant découvert..., *vend tout ce qu'il a* et achète ce champ-là. » Pour prétendre à un tel prix que comporte-t-il ? Les grands principes de la filialité divine de l'homme et de la fraternité humaine qui doivent assurer, en une harmonie universelle, le salut de chacun et le salut de tous. La charte du royaume, Jésus la formule à plus d'une reprise en effet (Mat. XXII, Luc X), dans les deux commandements de l'amour pour Dieu et de l'amour pour le prochain. « Fais cela et tu vivras ! » Il les emprunte bien sûr à la religion d'Israël, mais il les associe en un rapport inédit, en *un* double commandement où tous deux subsistent sans se confondre. Du judaïsme il garde le souci du salut égotiste dans la réconciliation avec Dieu, et la religion de l'individu ; du prophétisme il garde le souci du salut altruiste et la religion de l'humanité. Il les distingue ; les deux grands commandements ne sont *pas identiques* et interchangeables, et l'un ne peut suffire à l'exclusion de l'autre. Il ne les oppose pas ; ils sont, dit l'Évangile en un terme un peu vague, *semblables*. Et nous serions peut-être embarrassés de déterminer plus précisément cette relation, si Saint-Jean ne nous en donnait la claire formule dans le *commandement nouveau* du Christ divinisé. Celui qui dit : Le père et moi nous sommes uns, dit aussi — et pour l'Évangéliste c'est comme si Dieu lui-même disait — : Aimez-vous les uns les autres *comme je vous ai aimés.* L'amour pour Dieu et l'amour pour l'Humanité trouvent leur synthèse dans le sentiment de l'amour *de* Dieu tel que l'a révélé Jésus-Christ. L'amour *pour* Dieu que l'amour *de* Dieu a provoqué doit se traduire chez tout homme en amour pour les hommes. Le Prodigue pardonné doit devenir Bon Samaritain. Comme Dieu aime sans compter (Enfant prodigue), l'homme qu'il aime doit aimer sans restriction, non l'ami seulement ni le compatriote, mais encore l'ennemi et l'étranger (Bon Samaritain) ; c'est tout homme que le fils conscient de l'amour du Père doit aimer en frère. Dieu, avait déjà dit Jésus au cours du Discours sur la montagne, exprimant la même vérité et la même obligation, fait lever son soleil sur tous ; afin que vous soyez ses fils, « soyez parfaits [dans l'amour] comme votre Père céleste est parfait. »

L'arrivée, et déjà l'acheminement vers cet idéal, constituent la rédemption telle que l'entendait Jésus. Quel DIEU suppose-t-elle ; quelle est la divinité dont l'amour rend l'homme capable d'aimer, et assure la victoire du bien dans l'humanité en assurant la victoire du bien dans la personne? Nous ne saurions mieux faire que de chercher son analogie dans le personnage principal de cette parabole par excellence de la rédemption qu'est celle de l'Enfant prodigue : On peut espérer que la pensée chrétienne, fatiguée des contradictions dans lesquelles la dogmatique s'est embarrassée dès les temps apostoliques, finira — finissant par où elle aurait dû commencer — par y chercher le plus clair symbole des vérités qui lui sont chères.

Il s'agit d'une famille dont les membres sont traités en personnes morales, libres et responsables. L'un des fils ne se plait plus à la maison. Malgré la douleur qu'il en éprouvera, le père le laissera partir. Il est juste qu'étant libre, il cherche à se faire sa destinée. Qu'il jouisse donc, et dépense « en vivant dans la débauche », s'il lui plait, ses biens et ses forces. Il est juste aussi que, s'étant décidé à sa guise, il subisse les conséquences de ses décisions : après la vie de plaisir, l'indigence, la famine du corps et de l'âme, la perspective de la mort ainsi qu'il le constate lui-même en gardant les pourceaux : ici je meurs de faim. — Ainsi le Père de l'Évangile à l'égard des hommes ses enfants. Et ce Dieu, qui respecte la liberté morale de sa créature, et qui veut que la libre décision du mal produise ses conséquences, a quelque chose de celui que la piété éthique pressent sous le qualificatif populaire de Saint, ou sous le terme philosophique de transcendant.

Mais la parabole ne borne pas à cette permission toute passive le rôle du père. L'enfant parti, il surveille l'horizon, dans l'attente d'un retour qu'il espère. Quand, dans l'écœurement et la fatigue de sa déchéance, le prodigue s'est résolu au retour, l'ayant vu de loin il le prévient, court à sa rencontre, « tout ému de compassion », et lui facilite l'aveu ; ou plutôt, avant que les lèvres du voyageur aient achevé le cri de son âme, il lui donne le baiser qui le réintroduit dans la maison. — Dieu, selon Jésus, accueille ainsi le repentant et lui pardonne. Et ce Dieu a quelque chose de celui que pressent la piété esthétique, Dieu d'Amour qu'en philosophie elle désigne comme immanent.

C'est pourtant une autre sainteté que la sienne, et un

autre amour. Le dieu d'amour de la conception esthétique serait moins sévère. Il eût trouvé son analogie humaine dans le personnage du père *faible*. Affaire de tempérament et simple absence de volonté, ou sentiment de quelque indignité personnelle, retenu par les liens que la descendance physique établit entre le père et l'enfant, le père faible eût moins vivement ressenti le scandale, ou s'en fût peut-être reconnu partiellement responsable. Il n'eût pas laissé se dérouler jusqu'à la dernière les conséquences du coup de tête. Nous nous l'imaginons allant au pays étranger chercher le coupable, lui offrant de rentrer à la maison sur une vague protestation de regret ; en un mot coupant en herbe la moisson de l'épreuve en empêchant la crise intérieure d'arriver à maturité. Ainsi le dieu immanent a peu d'exigences, et pardonne au seul prix ou d'un sacrifice ou d'un rite ou d'une confession des lèvres, ou d'une effusion mystique. Le dieu saint de la conception éthique proprement dite serait plus dur que le Père de Jésus. Celui-là ne pardonne pas. Il relève et maintient l'élément irréparable de la faute. Il fait entendre que, chaque jour et chaque tâche exigeant tout le devoir, aucune action bonne ne compense aujourd'hui l'effet de la mauvaise action d'hier. A l'analogie d'un père *inflexible* qui exigerait, en réparation du tort moral et matériel, la déchéance du fils repentant au rang des mercenaires, il établit le doit de l'homme, et laisse le compte ouvert. La dette subsistera, ineffaçable malgré tous les efforts subséquents. Le juste de tous les jours à partir d'aujourd'hui sera toujours le pécheur d'autrefois. Une infranchissable barrière s'élève désormais entre lui et le Dieu dont « les yeux sont trop purs pour supporter la vue du mal ». Le fils est devenu l'étranger et le restera.

Mais ni la facilité de cet amour ni la sévérité de cette sainteté ne sauraient obtenir les résultats qu'obtient le Dieu de Jésus. Le père faible devant la faute encourage une confiance paresseuse, et risque de prévenir en son fils tout effort vers le mieux ; trop facilement accueilli, le fils ne sera point guéri de sa légèreté. Un père inflexible, qui ne tient pas compte de l'effort nouveau, le décourage au contraire ; trop sévèrement accueilli, le fils persistera dans sa révolte. Ils sont l'un et l'autre incapables de remédier efficacement au passé et de rétablir les rapports normaux de la famille, parce qu'incapables d'encourager la repentance. Le père de la parabole y parvient : sa pédagogie sait doser à cette fin le mélange de la douceur et de la fermeté ; il est le bon père. — Si, dans le domaine de la réalité supérieure visée, le Dieu de Jésus réussit à constituer ou à reconstituer la grande famille du Royaume, c'est que, également éloigné de l'amour lâche et de l'inexorable sainteté, il est *à la fois* l'Amour et la Sainteté, l'Amour-saint ou la Sainteté-charitable. Amour- saint, différent de l'amour du dieu-Nature immanent en ce qu'il est saint et qu'il se donne moins facilement ; Sainteté-charitable différente de la sainteté du dieu-Humanité transcendant en ce qu'elle aime et se décide au don d'elle-même : *Un* couple indivisible, *une* manière d'être unissant en une perfection *unique* les éléments que d'autres piétés distinguaient, et supérieure en son unité non seulement à chacun des éléments séparés, mais à toute association qui les distingue en quelque proportion que ce soit.

Mais la rédemption ne serait pas complète si elle ne devait être que la victoire sur le mal moral et le triomphe du bien dans l'humanité. Elle est aussi, et en même temps, la victoire sur le mal physique et le triomphe du bonheur. Le père ne borne pas au baiser qui pardonne l'expression de sa bonté. Le prodigue est en loques, il est fatigué, peut-être malade de ses voyages et de ses jeûnes : « Apportez la plus belle robe, mettez-lui un anneau au doigt, tuez le veau gras. » On lui fera fête aujourd'hui ; et demain, et tous les jours à l'avenir, il jouira en même temps que de la paix spirituelle du bien-être de la maison. Et ceci appelle un complément d'information.

Jésus ne paraît avoir nulle part émis d'opinion précise sur l'origine du mal physique. Il rejetait la théorie juive de la rétribution individuelle et directe. Il refusait de porter un jugement de culpabilité particulière sur les victimes qu'avait faites en s'écroulant la tour de Siloé (Luc XIII). « Ne croyez pas, disait-il, qu'elles fussent plus coupables que tous les autres habitants de Jérusalem. » Peut-être admettait-il, en bonne conséquence de la tradition biblique de la chute, une responsabilité générique, car il voyait dans de telles catastrophes, pour tous, une occasion de « s'amender ». Quoi qu'il en soit, il y a à ses yeux une connexion étroite entre le mal physique et le mal moral. A côté du ministère du pardon, il exerce celui de la guérison. A côté ; le plus souvent en même temps. Au paralytique il dit indifféremment : lève ton lit et marche, ou : tes péchés te sont pardonnés. Et si le pardon est la condition de l'avènement du royaume, dans le royaume réalisé, la souffrance a disparu. Pour convaincre le Baptiste de sa messianité, il lui fait porter cette nouvelle : « Les aveugles voient, les boiteux marchent, les lépreux sont purifiés, les sourds entendent, les morts ressuscitent et la bonne nouvelle est annoncée aux pauvres ». Pauvre, à envier le sort des bêtes sauvages parce qu'elles ont des tanières, il n'a rien de l'ascète. Ses adversaires feront mine de s'effaroucher de la simplicité avec laquelle il jouissait de la large hospitalité de quelques-uns de ses amis. « C'est un mangeur et un buveur », disaient-ils. Il exprimait lui-même en de frustes symboles la conviction que les biens de la nature peuvent rentrer dans la valeur admise par le croyant. « Je ne boirai plus du fruit de la vigne, disait-il aux siens peu avant sa mort, jusqu'à ce que j'en boive avec vous dans le royaume des Cieux. » Images, je le veux bien, et qu'il faut tenir pour telles ; mais le moins que l'on puisse en dire est qu'elles unissent dans l'idéal chrétien le bonheur au devoir. N'est-ce pas par les promesses de l'*Heureux* huit fois répété que débute le Discours de la montagne ? (Cf. Harnack, *l'Essence du christianisme.*)

Le croyant peut donc demander, avec le pardon et les biens spirituels, les biens matériels et la délivrance du mal physique. La doctrine de Jésus admet sans aucun doute l'efficacité de la prière. A vrai dire, les souvenirs recueillis par les Évangélistes laisseraient quelque indécision sur les limites de cette puissance. D'après certains textes, il semblerait que la prière pût tout obtenir, à la seule condition d'être faite avec la conviction nécessaire. « *Tout* ce que vous demanderez avec foi par la prière, vous le recevrez » (Marc XI). D'autres engageraient au contraire à ne rien demander : « En priant, ne multipliez pas de vaines paroles, comme les païens... votre Père sait de quoi vous avez besoin. Ne cherchez pas ce que vous mangerez et ce que vous boirez... cherchez plutôt le royaume de Dieu... et toutes ces choses vous seront données par dessus » (Math. VI, Luc XII). Indécisions, contradictions mêmes ! Laissons-en la responsabilité à cet élargissement que subit sans nul doute la première tradition avant d'être arrêtée par écrit. L'enseignement du Maître dans le Notre Père autorise ses disciples à demander d'abord les avantages spirituels et tout généraux du royaume : Ton règne vienne..., mais ensuite aussi et le pain quotidien et la délivrance de l'épreuve. Surtout, son exemple, à l'heure décisive de Gethsémané, fixe les limites qui faisaient défaut tout à l'heure.

*Il demande,* avec instance, dans une sueur d'angoisse, et par trois fois, d'échapper au sort imminent : Que cette coupe passe loin de moi. Et s'il le demande, c'est avec foi. Plus que personne ne le crut jamais, il croit Dieu capable de mettre en œuvre sa puissance, et d'exaucer. « Penses-tu, dira-t-il quelques instants après au disciple qui tire l'épée pour le défendre, que je ne puisse pas prier mon Père de me donner douze légions d'anges... ? »

Mais *il réserve la possibilité d'une décision divine contraire à la sienne.* A chaque demande il ajoute l'expression de la soumission : que ta volonté se fasse, et non la mienne ! Et ces deux mouvements sont essentiels à la prière. L'existence même d'une repentance digne de ce nom supposait une contribution de l'homme et une contribution de Dieu, ou si l'on veut une double contribution divine : à côté de la grâce, accordée par le Dieu d'*Amour*-saint, un effort de l'homme exigé par le Dieu de *Sainteté* aimante. L'existence de la prière suppose de même une double part : celle d'un Dieu qui peut exaucer — s'il ne pouvait pas, à quoi bon supplier, et quelle raison de ne pas réduire la prière à l'exercice spirituel des religions philosophiques ? et celle d'un Dieu qui peut ne pas exaucer — s'il ne pouvait pas refuser, pourquoi ne pas ordonner et ne pas pratiquer la prière rituelle, d'effet magique, des religions inférieures ?

Il y a dans le Dieu qui peut sauver et qui sauve quelque chose du dieu Amour immanent de la piété esthétique exclusive. Mais il s'agit d'un autre amour, plus sévère précisément parce qu'il n'exauce pas toujours, alors que le premier, attribut physique très positif d'un dieu tout puissant parce que confondu avec la Nature, exauçait toujours, — des vœux il est vrai de l'ordre naturel. Il y a dans le Dieu qui peut ne pas sauver quelque chose du dieu Saint transcendant de la piété éthique exclusive. Mais il s'agit d'une autre sainteté, moins dure, car elle exauce quelquefois, alors que l'autre, attribut tout négatif d'un dieu séparé du monde et impuissant dans son isolement, n'exauçait jamais. Autre amour précisément parce qu'il est l'*Amour saint,* Dieu dont l'immanence n'empêche pas la libre réserve. Autre sainteté précisément en ce qu'elle est la *Sainteté aimante*, dont la transcendance n'empêche pas le contact avec le monde et la libre action sur le monde. Amour-saint, Sainteté-aimante : un couple indivisible et indiscernable, *un* Dieu que Jésus, peu soucieux de philosophie, s'est borné à appeler le Dieu parfait, le Père (Matthieu V, 48).

★

Nous avions reconnu à la base de la croyance l'intuition de l'être et de la valeur que l'homme y attache, et en corollaire, l'affirmation, dans le garant, d'un Dieu. Inséparablement unie à la conscience la plus générale de la vie, cette intuition n'avait rien encore qui la qualifiât, et, de ce Dieu, tout ce que l'on pouvait dire, c'est qu'il était. Nous nous étions confinés d'ailleurs jusque là dans l'abstraction. Examinées dans la réalité de la psychologie et de l'histoire, il nous a paru que l'on pourrait rallier les multiples nuances de la valeur autour de deux sentiments fondamentaux, celui de la valeur esthétique et celui de la valeur éthique, auxquels correspondaient deux tendances directrices dans la représentation du garant : l'immanence et la transcendance. Puis, devant l'insuccès avéré des cultes inspirés de l'une des tendances à l'exclusion de l'autre, ou qui laissent à l'une trop d'empire sur l'autre, s'est imposée l'inférence que l'intuition religieuse normale synthétiserait le sentiment esthétique et le sentiment éthique, et que le caractère *sui generis* en consisterait dans une pénétration des valeurs de la nature et de celles de l'esprit, tandis que le Dieu garant marierait dans la mystérieuse unité de sa puissance l'immanence et la transcendance, l'Amour et la Sainteté.

Tels se sont trouvés en effet, vérifiant l'hypothèse, la valeur et son garant dans la religion de toutes la plus vivace et la plus féconde, celle de Jésus.

Quel est maintenant, hors de la croyance, du point de vue le plus général de la vérité, leur droit à l'être. Laissant là la description du fait, que penser de sa réalité dernière ?

---

# SECONDE PARTIE

---

# LA RÉALITÉ DE DIEU

> Vous êtes, ô mon Dieu, auprès des hommes et au dedans d'eux, mais ils sont fugitifs et errants hors d'eux-mêmes. Ils vous trouveraient s'ils vous cherchaient en dedans d'eux-mêmes. Ils ne vous perdent qu'en se perdant...
>
> Parce que vous êtes trop au dedans d'eux-mêmes où ils ne rentrent jamais, vous leur êtes un Dieu caché.
>
> FÉNELON.

## PRÉLIMINAIRES

### LA MÉTHODE D'UNE ARGUMENTATION ACCEPTABLE.

Établir une démonstration de la réalité de Dieu, démonstration au sens le plus strict, nous y avons renoncé dès l'abord. Remarquons-le toutefois, nous avons eu l'occasion de l'entrevoir, l'argumentation traditionnelle s'inspirait de très sérieux mobiles psychologiques : ceux-là mêmes qui inspirent partout la croyance. La preuve ontologique liait l'existence à l'idée de Dieu. Il est certain que la croyance ne saurait concevoir l'idée de Dieu sans celle de son existence, un Dieu qui n'est pas, une pure idée de Dieu pour elle ne pouvant tenir lieu de Dieu.

Que Dieu, pour être valablement, doive être non en idée seulement mais en réalité, c'est là une présupposition que tous accorderont au préalable. Le problème, c'est de savoir si un Dieu digne de l'idée de Dieu, c'est-à-dire existant, existe. Et la solution n'en peut être tentée que, hors du domaine de l'abstraction, par l'examen des faits. C'est encore le sentiment commun et à l'affirmation proprement religieuse et à l'argumentation scolastique semi-rationnelle. L'ambition de la preuve cosmologique *(a contingentia mundi et mentis)* c'était de conclure de l'existence de quelque chose à celle de la cause de ce quelque chose en Dieu le créateur. Et, qui ne voit l'analogie? c'est parce que quelque chose est à quoi elles attachent une valeur, quelque chose qui selon les cas peut être telle chose particulière ou l'ensemble des choses, que les religions affirment la réalité du Dieu garant. La preuve téléologique cherchait à remonter des traces d'ordre, de beauté, de moralité discernables en l'univers à l'intelligence, à l'art, à la sainteté du Créateur. C'est le procédé de la croyance quand elle attribue au Dieu garant les vertus que supposent en lui la qualité esthétique ou éthique de la valeur garantie... *Il y a entre l'être et sa raison d'être* (cause chronologique créatrice et cause ontologique conservatrice), *entre la valeur garantie et le garant, une relation essentielle :* le principe paraît constitutif à la fois de la croyance et de l'argumentation philosophique.

Indubitablement, cette secrète connivence a fait la vraie force des preuves. Elle explique la persistance de leur succès partiel, et l'ascendant qu'elles exercent sur plusieurs de ceux-là mêmes qui soupçonnent l'insuffisante rigueur de leur prétendue démonstration. Les « preuves » auront partagé l'inspiration de la croyance. Et leur tort, ce n'est pas ce partage, mais l'inconscience avec laquelle elles l'ont admis. Cet égarement allait avoir en effet la plus fâcheuse conséquence : absorber dans une entreprise vaine les forces qu'il eût fallu diriger vers une entreprise nécessaire.

L'entreprise vaine, ce fut l'établissement *par les voies de la logique* de la conviction en l'existence du rapport initial de l'être à sa raison d'être. L'argumentation traditionnelle y voyait, en effet, le produit de ses syllogismes et la fin de son labeur. C'est à l'amener en conclusion nécessaire au bout du raisonnement qu'elle consacrait tout son effort : L'être contingent est celui qui ne peut exister sans cause; l'être contingent esthétiquement et moralement ordonné existe; *donc* existe la cause puissante, intelligente et sainte... La conclusion, avons-nous constaté dans l'introduction, manquait de force convaincante parce que l'intuition comprise dans la mineure ne présentait pas un suffisant caractère de généralité. Mais, ce caractère y eût-il été, la conviction n'eût pas été entraînée par le syllogisme. L'univers est ; la nature et l'humanité; la vie, où rentrent avec la matière l'esprit, avec l'instinct la raison. La raison, comprise elle-même dans l'univers, manifestation de la vie qui l'englobe après l'avoir produite, me servirait-elle, par l'opération interne de sa dialectique, à déterminer l'existence du quelque chose, de la cause quelle qu'elle soit qui est à l'origine de l'univers et de la vie ? Non. Manifestation de la vie au même titre que tout ce que la vie embrasse, et prise en bloc dans cet ensemble, elle va servir dans cet ensemble à affirmer la cause de l'ensemble. Et cela en vertu d'une démarche très différente de celles que permet son usage syllogistique. Ce ne sera pas une déduction par conséquence, qui pose Dieu en résultat de l'activité de l'une des fonctions de la vie ; la vie étant considérée dans la variété de tous ses aspects, il s'agira d'une induction par antécédence, d'une affirmation unique de toute la pensée instinctive et consciente par laquelle elle remonte de l'existence de la vie à sa condition. Inférence primaire et préliminaire de la pensée, aussi irréductible à l'analyse rationnelle que l'élan vital lui-même, irrépressible tout autant. En établir le droit ? J'y renonce. En contester le fait ? Essayez. Mettre le causé dans la cause, le conditionné dans la condition, le quelque chose qui fonde l'existence dans le quelque chose qui existe, et instituer à l'exemple de l'immanentisme absolu une Nature universelle mère de l'universelle nature, ou, à l'exemple du transcendantisme un Esprit universel père de l'universelle spiritualité, ce n'est que suivre l'élan. Confondre Dieu dans la chose ou le confondre dans l'humanité c'est encore, en dépit de la confusion, satisfaire à l'instinct et admettre un Dieu... Ne discutons donc point. Interrogeons l'arbitre suprême dont nous avons reconnu la compétence dans la pensée la plus largement humaine. Penchons l'oreille sur le cœur de la vie ; prêtons à cette auscultation la plus impartiale attention, celle qui accapare en nous non seulement la raison faite à telle philosophie particulière, mais l'être tout entier en la spontanéité de tous ses sens, chaque battement nous paraîtra ponctuer la même redite : *quelque chose est ; il y a quelque chose qui fait que quelque chose est.*

Cette liaison, nous l'admettons donc en *donnée primordiale, extrarationnelle, de la pensée.* Elle est « élévation de l'esprit », « science immédiate », — et nous rejoindrions ici Hegel et Jacobi, — affaire de foi, si l'on veut, à condition que l'on s'entende sur l'extension du terme. Il n'est pas question là d'acte de foi intellectuel, mais d'instinctive confiance en la vie, mère de tout et mère de l'intelligence. Et dès lors rien n'empêchera un libre esprit de poursuivre avec nous la recherche. Bien loin de constituer un parti-pris d'aveuglement et de barrer le chemin à l'investigation, une telle prémisse nous met en face du véritable effort. Nous avons en elle non la fin, mais le commencement, et moins encore, la disposition préparatoire à *une méthode acceptable très différente de l'ancienne. L'argumentation traditionnelle, absorbée par son effort de déduction, admit sans contrôle l'élément intuitif, et même tenta de s'en passer. Nous allons nous passer de déduction et nous absorber dans le contrôle de l'intuition religieuse normale, pour en établir si possible le droit.* C'est là l'entreprise nécessaire.

En effet, la liaison de l'être à la raison d'être admise, nous n'en serions guère plus avancés sur l'existence de Dieu si l'être est, en réalité, ce que prétendent les intuitions esthétique ou éthique extrêmes. Les monismes qu'elles supposent, confondant sans limites Dieu dans le monde ou dans l'humanité, enlèvent à Dieu toute existence distincte, le réduisent à un nom et, pratiquement, aboutissent à le nier. Le Dieu qui existe, pour exister, doit se distinguer de l'être qu'il assure. La réalité est-elle ce que prétend l'intuition esthétique pure? Dieu et le monde ne font qu'un. La réalité est-elle ce que prétend l'intuition éthique pure? Dieu et l'humanité ne font qu'un. Autant dire dans l'un et l'autre cas qu'il n'est pas, et nous avons vu que les religions qui inclinent à accepter l'un ou l'autre se meurent. *Dieu donc ne sera que si la réalité, également étrangère à une universelle nécessité et à une contingence absolue, est ce que prétend l'intuition mixte, le vivant progrès spirituel né de l'union organique de la nécessité et de la contingence : Dieu sera si l'intuition religieuse normale répond à une vérité.*

La recherche qui va tenter de nous convaincre n'aura rien de la contrainte du raisonnement mathématico-physique. Elle pourrait pourtant obtenir l'adhésion de tous ceux qui, habitués à quelque examen de la vie intérieure, savent que la vie embrasse et dépasse la pensée, ou mieux que la pensée vitale embrasse et dépasse la pensée plus spécialement démonstrative.

De ce point de vue l'intuition religieuse nous apparaîtra et légitime, parce qu'elle a son équivalent philosophique défendable, et nécessaire, parce qu'elle est indispensable à la vie.

---

# CHAPITRE PREMIER

## LE DROIT DE L'INTUITION RELIGIEUSE NORMALE

La pensée nous paraît l'établir aussi indiscutablement que celui des intuitions esthétique ou éthique pures. Si, adoptant une division sommaire, mais commode et fondée, nous distinguons dans le champ de la philosophie les tendances réalistes de la tendance idéaliste ou critique, nous constaterons sans peine que, les intuitions esthétique et éthique de la valeur s'intégrant dans les premières, l'intuition spécifiquement religieuse peut s'intégrer dans la seconde.

A. *L'intuition esthétique* pure a sa place marquée au sein du *réalisme de l'infini* dans ses manifestations diverses, toutes rattachables au même principe. Qu'est-ce que le réalisme en philosophie? La conviction, instinctive ou réfléchie, que telle forme de la pensée donne l'expression directe et complète de la réalité, qu'elle traduit la réalité assez fidèlement pour en épuiser le sens, qu'il n'existe en conséquence pas d'autre réalité que celle qu'elle connaît. Et le réalisme est réalisme de l'infini (ou du continu) quand il se représente l'objet de la connaissance comme étendu à l'infini, en une séquence exempte de toute solution de continuité. Un objet indéfiniment étendu et parfaitement continu ne saurait laisser place à côté de lui à d'autres objets. Il est unique. C'est le monde tel que le définit en quelques caractères très généraux le second terme de l'antinomie de la raison pure d'après Kant : sans commencement dans le temps ni limites dans l'espace (infini), composé d'un élément indéfiniment divisible (continu), ou d'éléments liés dont les relations sont pures lois de nature (exclusif de toute liberté), et qui ne suppose, pour être, aucune cause extérieure à lui-même (exclusif de toute contingence). Ce point de vue, nettement favorable à l'extension de la connaissance scientifique, suppose ainsi un monisme de la substance étendue, ou de la nature. C'est celui des écoles empiristes et positivistes. Il est commun, de nos jours, et à ce qui survit du positivisme mathématico-physique vieillissant, et à l'empirisme nouveau qui prétend le combattre. Conception de la nature selon l'ordre géométrique, en un enchaînement statique dessiné par l'activité intellectuelle d'un Spinoza ou d'un Taine, où les objets nettement définis et les forces mesurables se prêtent aux définitions par la formule scientifique et à l'utilisation par le travail technique ; conception de la nature selon l'ordre biologique, dans son jaillissement dynamique, dans cette fuite perpétuelle que veut saisir l'intuition bergsonienne, et à laquelle se complaît la jouissance artistique ou mystique ; —nature expériencée d'une part, de l'autre nature expérimentée : ce ne sont là que deux variétés, les deux extrêmes, du même type. Toutes deux ont à leur base l'intuition esthétique pure. Pour l'empirisme bergsonien cela est assez évident par soi-même : Cette philosophie est avant tout, au sens primitif du mot, une esthétique, une interprétation anti-intellectualiste de la vie. Pour le rationalisme mathématico-physique cela est encore vrai : ses moyens de vision, cette forme de l'espace entre autres en laquelle il range tous ses objets appartient à l'intuition sensible, et Kant intitule *esthétique* le chapitre qu'il lui consacre. De part et d'autre, ici dans son étendue et plutôt en surface, là dans sa fluidité et plutôt en profondeur, ici dans son intensité surtout, là surtout dans son extension, c'est *l'être de nature* que l'on veut saisir et duquel on entend tenir compte ; duquel seul on peut tenir compte puisque, infini, continu, il n'y a qu'un être et que cet être c'est la nature. Nous avons signalé le panthéisme de Spinoza ; il présente l'aboutissement de la tendance dans sa forme rationalisante, et il y a fort peu à espérer des efforts tentés par certains pour l'utilisation en faveur d'une rénovation de la dogmatique chrétienne de l'empirisme du jour. D'Anaximandre de Milet à Spinoza et à ses modernes émules en passant par Lucrèce et Giordano Bruno, la réflexion philosophique issue du réalisme de l'infini n'a jamais reculé, quand elle a été conséquente, devant l'équation : Dieu, c'est la nature. Libre qui le veut, écrira Hæckel, l'un des représentants de la nuance positiviste de ce parti, d'étiqueter cette conception panthéisme ou athéisme. Et en effet, cela revient finalement au même.

C'est sur le réalisme de l'infini, tendance rationalisante, que se fondaient les prétentions de l'argumentation *contre* l'existence de Dieu. Ce que l'on démontrait, de ce point de vue, c'était l'existence d'un monde, ou d'un dieu-Monde. On pensait exclure celle d'un Dieu distinct du monde, et on y parvenait sans peine.

B. Mais, en face de ce monisme, et dans le champ des mêmes présuppositions réalistes, s'érige le *réalisme du fini* (ou du discontinu). Ce qui de ce point de vue constitue la réalité, pénétrée en son dernier fond, c'est non plus *une* substance, non plus *un* objet mais, ainsi que l'exposait en gros le premier terme de l'antinomie, *des* substances, *des* objets, deux ou plusieurs qui se limitent l'un l'autre ou les uns les autres (finis), et n'ont entre eux pas de rapports ou des rapports tout extérieurs (discontinus). Un univers formé de la juxtaposition de parties simples et atomiques entre lesquelles, si elles sont liées, se formeraient des liens fortuits, et qui serait tout imprégné de contingence. Ce pluralisme, le plus souvent réduit à l'état de dualisme par polarisation des éléments en jeu autour des deux centres que sont en philosophie l'Étendue et la Pensée, a trouvé ses philosophes, selon leur tempérament plus empiristes ou plus rationalistes, comme le monisme avait trouvé les siens, — les empiristes de ce côté (James [1]) comme de l'autre (Bergson), parce que moins soucieux de systématiser que de décrire, ex-

[1] Cf. *La Philosophie de W. James*, de M. Flournoy, p. 180 s.

primant moins nettement le point de vue que les rationalistes. Le dogmaticien de la contingence, c'est Renouvier[1]. Il l'élève au rang de premier principe ; il rêve de l'universaliser comme Spinoza universalisait la nécessité et l'élevait au rang de premier principe. Là, c'était la science qui, primitivement établie sur ses positions, cherchait à faire et faisait ou ne faisait pas sa place à la liberté. Ici c'est la liberté, primitive et définitive en l'homme, qui fixe le droit et les limites de la science. Pour Renouvier, la science même sera fondée sur la contingence, car c'est la liberté qui en choisira la loi fondamentale dans cette catégorie du multiple, du discontinu, du nombre fini dont les représentations, qu'il s'agisse du monde moral ou du monde physique, épuisent, dira-t-il, tout le réel.

Voilà, sans hésitation possible, la philosophie qui convient à l'intuition éthique pure, ou qui, plus exactement, s'inspire de cette dernière. De ce point de vue en effet la réalité tout entière, tout l'être, y compris celui de la nécessité puisque la liberté le domine, se présente en fonction de la personne humaine, se transpose en être d'humanité. C'est ce point de vue auquel se sont malheureusement arrêtées, en général, sans se rendre compte qu'il n'était en dépit des apparences guère plus propre que celui du réalisme du fini à traduire l'essence de la vie religieuse, les métaphysiques des religions du type éthique, spécialement celle du christianisme. C'est de lui que

[1] M. Séailles *(La philosophie de Charles Renouvier)* a fait de cette attitude la critique la plus pénétrante, et, de notre point de vue, la plus justifiée.

s'inspirait, au fond, l'argumentation scolastique semi-rationnelle *pour* l'existence de Dieu. A supposer qu'elle pût convaincre — et nous avons vu qu'elle ne le pouvait pas — elle devait nécessairement, par sa prétention à faire de la liberté humaine la loi de l'univers, conduire à un dieu Homme : autre négation de Dieu. Renouvier en a tracé les caractères avec une hardiesse sans égale (cf. Séailles, p. 351-358).

La croyance envisageant Dieu sous la catégorie de la liberté morale, c'est, dit-il, en une personne, et en une personne finie qu'elle le réalisera. Conçoit-on d'ailleurs la personnalité en dehors des cadres du fini ? Les attributs métaphysiques infinis qui lui sont généralement accordés n'en détruisent-ils pas toute notion concevable? Renouvier astreindra la divinité aux limitations de l'intelligence et de la volonté, pour pouvoir la comprendre comme intelligence et comme volonté ; il l'astreindra à celles de la liberté, parce qu'il tient la liberté humaine pour réelle et capable de borner celle de Dieu. Être fini dont les fonctions satisfont aux conditions universellement valables du nombre, et qui voit les choses dans l'espace et le temps où il est lui-même renfermé, Dieu n'a ni éternité, ni toute présence, ni toute puissance, ni toute science. Il ne faut pas hésiter à lui donner la figure idéale et les facultés de l'homme, portées à leur suprême degré de développement, mais qui, même alors, gardent les caractères de finité sans lesquels elles ne sont plus concevables à notre pensée. Un homme agrandi ; si bien un homme que l'on pourra se demander s'il n'y aurait pas plusieurs dieux, comme il y a plusieurs hommes. Et c'est à quoi Renouvier aboutira, exprimant l'espoir d'avoir trouvé ainsi un terrain d'entente entre monothéistes et polythéistes. Les âmes, monades impérissables, deviennent « dans le ciel, c'est-à-dire dans les régions supérieures de la conscience et de la nature », des séries de dieux dont Dieu serait le premier *(Psychologie rationnelle)*. Dans cette hypothèse, encore *rex hominum deorumque ;* bientôt *primus inter pares.* Tout bien considéré, si la société politique « se passe de rois avec des lois... qui sont des actes de volonté collective », pourquoi la communauté religieuse « devrait-elle relever sciemment d'un souverain absolu, d'un législateur autonome et d'un juge qui ne serait point jugé ? Ne pourrait-elle suivre ou constituer des lois qui lui soient immédiatement inhérentes » ? *(Essai de logique générale).* De ce côté comme de l'autre ne serait-il pas normal de passer de la monarchie à la république ?... Ainsi que nous l'avions prévu, parce que la logique d'un système d'éthique pure le comporte, Dieu est ici devenu l'homme. Et le théisme aboutit, comme le panthéisme tout à l'heure, à l'athéisme.

C. Les intuitions esthétique et éthique, dans leur forme pure, ont donc leurs philosophies aussi exclusives l'une de l'autre qu'elles le sont d'elles-mêmes, le réalisme du fini ne tenant aucun compte de la première, pas plus que le réalisme de l'infini de la seconde. *L'intuition mixte* en laquelle nous avons reconnu le secret du sentiment religieux a-t-elle sa place dans la maison de la pensée ? Elle aurait pu la demander au dualisme cartésien de l'étendue et de la pensée, très soucieux de tenir compte de l'un et de l'autre des éléments fondamentaux de la vérité humaine. Il les maintenait en effet l'un à côté de l'autre, mais bornait à cela son effort méritoire. Cette juxtaposition, on n'en distinguait pas la raison profonde ; elle gardait quelque chose d'arbitraire, si bien que, chez les Cartésiens mêmes, elle ne put subsister. Spinoza d'un côté, les théologiens de l'autre la ramenèrent à un monisme, l'un aux dépens de l'élément éthique, les autres aux dépens de l'élément esthétique ! Il fallait, pour en établir le droit, *le criticisme*, la géniale pensée qui inspire l'œuvre de Kant.

En quoi se distingue-t-il des réalismes ? Le réalisme présupposait une confiance inébranlée dans les moyens et les résultats de la connaissance ; ils livraient à l'esprit le secret dernier de la réalité : pour les uns, qui tenaient surtout à l'intuition esthétique, la nécessité ; pour les autres, en qui primait l'intuition éthique, la contingence. Nécessité et contingence exprimant chacune de son côté tout le sens de la réalité s'excluaient mutuellement. C'est à la présupposition que le criticisme s'attaque. La confiance est-elle justifiée ? Est-ce la réalité en son tréfond qu'expriment nos moyens habituels de connaître, entre autres ceux de la connaissance scientifique ? En les analysant de près Kant y découvre, à côté d'un apport des choses, dans ce qu'il appelle les formes de la sensibilité et les catégories de l'entendement, un apport de l'esprit. Ce n'est pas, dans l'enchaînement continu de la nature telle que la présente la science, la nature elle-même toute entière, tout le sens de la nature, ce n'est pas, dira Kant, la nature en soi qui se présente à nous ; c'est un aspect de la nature auquel la constitution de l'esprit n'est pas étrangère et qui n'exclut pas, d'autres points de vue, la possibilité d'autres aspects dont le trait distinctif serait celui de la discontinuité contingente. Il l'exclut si peu, et c'est le point capital, qu'il l'appelle au contraire. On a trop souvent négligé ce que Kant disait, dans la première édition de la *Critique de la raison pure* (Ed. Reclam, p. 231-234), de la relation du phénomène et du noumène. Le phénomène, dans son vocabulaire, c'est l'aspect de la réalité tel que la connaissance scientifique le donne, l'enchaînement continu de la nécessité. Le noumène, c'est l'autre aspect, l'autre sens de la réalité, celui de la contingence. Or, remarque-t-il, *la seule notion de l'un suppose l'autre.* La connaissance scientifique ne peut imprimer à la nature son cachet sans délimiter, en même temps que le domaine de la chose scientifiquement connue, à sa limite, celui *d'une autre chose.* Ainsi la main qui dessine sur une page blanche ne peut tracer la figure qu'elle trace sans délimiter, à son côté, une figure complémentaire, négative, mais réelle tout aussi bien que la première. Phénomène et noumène sont complémentaires, inséparables l'un de l'autre : complémentaires et inséparables *le continu* mathématico-physique ou biologique, auquel le réalisme de l'infini attribuait toute la signification de la nature, et *le discontinu* éthique, que le réalisme du fini revêtait de la même prétention. Donc un dualisme encore, où les deux courants de la philosophie sont maintenus, mais en cette union organique qu'ils paraissent bien entretenir dans la réalité et qu'aucune formule n'avait encore su exprimer.

On l'aura déjà entrevu, cette hypothèse peut donner à l'intuition religieuse normale l'équivalent philosophique désiré. Le phénomène y représente l'intuition de la nécessité, le noumène celle de la contingence ; l'intime rapport du phénomène et du noumène, cette pénétration de la nécessité et de la contingence qui nous a paru caractéristique de la valeur telle que la concevait la plus vivante des religions. Comment le criticisme va-t-il qualifier la divinité garante ? Il cherchera sans doute à unir en elle, en une relation d'ordre complémentaire encore, la transcendance et l'immanence, l'humanité et le monde et leurs caractères respectifs. Nous essayerons plus tard d'en préciser quelques traits. Qu'il nous suffise d'être parvenus, si nous y sommes parvenus, à légitimer *le droit de l'intuition religieuse :*

Prise non telle que la supposent les constructions spéculatives traditionnelles, qui en relèvent trop exclusivement le côté éthique et inclinent au réalisme du fini, mais telle que l'offre le sentiment religieux dans l'équilibre complémentaire où elle maintient ses deux éléments, elle est valable au même titre, sinon à meilleur titre, que les intuitions esthétique ou éthique extrêmes. Comme ces dernières, elle s'intègre en une philosophie qui est *sa* philosophie et dont personne ne conteste l'importance. L'intuition mathématico-physique en particulier, sur laquelle nous avons vu que s'appuient les essais de négation rationnelle de l'existence de Dieu, n'est autorisée à faire valoir contre elle aucun droit exclusif, ni même supérieur. Elle est en effet doublement relative : du seul point de vue réaliste elle est réduite à se partager avec l'intuition biologique évolutionniste, — partage fort disputé d'ailleurs, — le domaine de l'être nécessaire, et sa prétention à l'extension universelle y est combattue par la prétention contraire de la philosophie du fini. Kant lui fait la part belle ; il lui accorde l'extension indéfinie et générale ; œuvre de l'esprit humain qui, pour la compréhension intellectuelle et l'utilisation pratique de la nature, a tout intérêt à réduire cette dernière aux proportions définies de la géométrie et aux forces mesurables de la mécanique, rien n'empêchera l'esprit d'essayer au moins d'en étendre le réseau à toute réalité de quelque domaine que ce soit. Mais, précisément parce qu'elle est œuvre de l'esprit et non disposition foncière de la réalité, le criticisme lui refuse la propriété d'exprimer tout le sens du réel. Elle en déterminera la surface, ou une certaine couche superficielle, d'un point de vue particulier et par ses moyens spéciaux (intuition médiate) ; elle n'en pénétrera pas toute la richesse profonde. De cette dernière d'autres déterminations, d'autres intuitions plus directes restent possibles et valables des points de vue divers de la contingence, et parmi elles, de son point de vue, l'intuition religieuse normale. Il faut donc amender le mot de Renan. Une humanité vraiment intelligente ne serait pas athée. Constatant la coexistence d'intuitions et de connaissances diverses, elle reconnaîtrait ouverte la porte du doute. Elle serait au moins sceptique.

Nous pouvons aller plus loin.

---

## CHAPITRE II

# LA NÉCESSITÉ VITALE DE L'INTUITION RELIGIEUSE NORMALE

L'intuition la plus favorable à l'épanouissement de la religion se trouve être, dans l'expression que permet d'en donner la philosophie criticiste, d'une importance vitale pour l'interprétation du développement de la vie humaine en général. Elle explique, du point de vue théorique, [la vie intellectuelle], l'existence d'une connaissance intellectuelle objective dans le domaine de la science et de la morale ; du point de vue pratique, [la vie vécue], celle de la personne et de la société humaines que l'on peut estimer les plus vraiment représentatives du genre.

## I. LA VIE INTELLECTUELLE

### A. La connaissance scientifique.

Si le fond dernier de l'être était ce qu'entrevoient *l'intuition esthétique pure et le réalisme de l'infini*, nous ne nous expliquerions ni la possibilité d'une vérité scientifique objective, (généralement valable), ni à plus forte raison son existence. Cette philosophie, en effet, concevant l'univers comme une continuité sans rupture aucune, en un monisme de la nature, ne peut voir dans l'esprit qu'un produit de cette dernière. Elle ne lui attribue dès lors qu'un rôle tout passif dans l'élaboration de la connaissance, et tendrait, à l'extrême, à ne lui en accorder aucun. Les notions ou formes de la connaissance seront, au même titre que sa matière, œuvre de la nature ; elles dépendront de l'expérience, (apostériorité), et en suivront les fluctuations ; elles seront éminemment relatives et variables.

Cette orientation est plus nettement accusée dans la tendance biologiste et empiriste pure que dans la tendance mathématico-physique. Les partisans de l'expérienciation de la nature peuvent contester à ceux de l'expérimentation la prétention d'être dans la logique des prémisses admises. Et à juste titre, semble-t-il, car le rationalisme des procédés de la connaissance mathématique et physique ne paraît pas, le mot l'indique, dégagé de tout préjugé sur l'autonomie de la raison humaine. Spinoza est ici moins à sa place que Bergson. Pour saisir la réalité qu'elle estime primordiale et seule vraie : évolution créatrice, devenir essentiellement mouvant de la vie, la philosophie de ce dernier[1] conseille de « renoncer aux formes usuelles de la pensée analytique et dis-

[1] Ce ne sera pas la trahir que de citer ici et là l'exposé qu'en donne un disciple aussi averti qu'enthousiaste, M. Le Roy, *Une philosophie nouvelle.*

cursive », et d'accomplir « un effort d'intuition directe », qui la mette sans intermédiaire au contact du réel. Aussi bien les notions et les idées de l'intelligence ne sont-elles pas les moyens primitifs d'aperception dont le moi dispose. Elles appartiennent à la périphérie de la vie spirituelle, où elles se sont formées, « fabriquées en vue des intérêts de la pratique ». Il faut au langage et au travail *utiles* que sont le langage et le travail de la science des concepts définis le plus précis possible, qu'ils trouvent dans les délimitations spatiales et dans la numération. Mais ce n'est là que la « surface durcie à l'action », et comme pétrifiée, d'un organisme aussi vivant et mouvant que le monde lui-même. Et cette surface constitue aussi peu le vrai moi que la figure du monde dans sa « dispersion numérique et spatiale » ne constitue le vrai monde. Au-dessous, en une gerbe jaillissante où l'on retrouverait « tous les degrés intermédiaires entre la pensée pure et l'action corporelle », s'approfondit le vrai moi. Et c'est lui qui, oubliant l'obsession des formes de l'analyse immobilisante, libéré de la tyrannie de l'espace et du nombre, saisit la réalité, en une intuition instinctive immédiate que seule la métaphore pourra tenter de décrire. (Le Roy, p. 11, 13, 49, 58.)

L'intelligence, « un produit de l'évolution », se constitue « lentement, par un progrès ininterrompu, le long d'une ligne qui monte à travers la série des vertébrés jusqu'à l'homme » : c'est l'hypothèse de tous les empiristes, à la défense de laquelle M. Le Dantec *(Les Influences ancestrales, Les Lois naturelles)* en particulier, de nos jours, emploie les réserves d'une érudition technique incontestée. Mais jamais encore on n'avait si hardiment proposé comme but à la philosophie ce « retour au primitif » dit M. Le Roy, cette « réintégration de l'instinct dans l'intelligence », cette résorption de l'intelligence dans l'instinct. C'est que jamais on n'avait plus nettement distingué, ni dénoncé avec plus d'éloquence, la vanité des notions intellectuelles du point de vue de l'empirisme intégral : *produits* durcis de l'évolution, *résidus* neutres, desséchés, incolores, qui s'étalent inertes à la surface de nous-mêmes « comme des feuilles mortes sur l'eau d'un étang » (cf. Le Roy, p. 65), concepts pétrifiés qui n'ont que l'avantage d'être « dialectiquement manipulables comme des jetons », quel intérêt présentent-elles à quiconque se propose, non l'utilisation de la nature, mais le plaisir de la voir pour la voir, la jouissance esthétique de la sentir et de se sentir en contact avec elle dans son devenir créateur ?... Mais aussi, demanderons-nous, quelle sécurité à ceux qui sont contraints de l'étudier, dans sa surface étalée, en vue de l'utile ? Quelle sécurité pour la science et pour le travail que permet la science ? Aucune, d'aucune sorte. Le réalisme infinitiste de l'intuition esthétique rend inconcevable la constitution d'une connaissance scientifique objectivement valable. Il conduit au scepticisme à l'égard de toute science digne de ce nom.

De ce point de vue la science *se fait* ; l'évolution en produit peu à peu les concepts ; mais elle n'arrive jamais à l'achèvement, car ses concepts demeurent toujours relatifs. Du point de vue de l'*intuition éthique* et du *réalisme du fini* elle serait achevée, au contraire, sans s'être jamais faite. Au sein d'un monde où la contingence est élevée à la dignité d'intuition fondamentale, l'esprit humain est lui-même fini en tous sens, parfaitement indépendant des objets, eux-mêmes finis, qui se partagent avec lui le champ de la nature. Que l'autonomie soit en lui surtout liée à la volonté, ainsi que l'affirme le néo-criticisme, il discernera lui-même et choisira librement le principe de la connaissance : il le trouvera par exemple dans la loi du nombre fini, loi et des choses et des esprits. Mais, avant que Renouvier en vînt là, les Cartésiens de la branche spiritualiste, attachant l'autonomie directement à l'intelligence, avaient insisté sur le vieux thème des idées innées, qui est demeuré l'expression typique de la tendance. L'esprit aurait en lui des vérités définitives, éternelles, reflets fidèles des vérités éternelles en Dieu, communiquées à l'esprit par Dieu directement et qui, en conséquence, ne doivent rien à l'expérience. Et qui ont quel rapport avec les choses ? Comme pour Renouvier les catégories du nombre fini, un rapport de parfaite adéquation, — nous sommes dans un réalisme, — que cherchent à établir des postulats divers : celui de la véracité divine (Descartes, Dieu ne peut pas tromper) ; ceux des causes occasionnelles (Malebranche ; à l'occasion de chaque mouvement de l'esprit, Dieu suscite dans la nature un mouvement parallèle), ou de l'harmonie préétablie (Leibniz ; le parallélisme, Dieu l'a établi une fois pour toutes).

Si l'infinitisme, incapable de donner aux notions scientifiques aucune précision généralement admissible, aboutit au découragement intellectuel, le finitisme de l'intuition éthique, dans ses manifestations innéistes surtout, est de nature au contraire à inspirer à ses adeptes pleine confiance dans l'exercice des fonctions de l'esprit. Constitutives de l'esprit conçu comme substance inétendue indépendante des fluctuations de la substance étendue (matière), indissolublement attachées à sa nature, leur universalité et leur précision assurerait l'universelle précision de la science... Que ce caractère même de finité achevée et de totale indépendance à l'égard du fait expérimental puisse avoir, et ait eu, de fâcheuses conséquences pour la science, nul ne le contestera. Il devait exagérer la confiance aux idées, les soustraire à la vérification, favoriser l'essor de la spéculation sans contrôle, et conduire ainsi à la paresse intellectuelle. En réalité, cette paresse s'est révélée plus pernicieuse que le scepticisme de la position opposée, — le scepticisme n'implique-t-il pas encore le désir d'examen dont la paresse est dépourvue? — et la science est beaucoup moins redevable de son développement à l'innéiste Bossuet qu'à Locke, l'empiriste.

Peu favorables à l'extension de la connaissance générale, les réalismes des intuitions esthétique et éthique, dans leurs prétentions l'un à interdire aux concepts toute possibilité d'achèvement, l'autre à leur imposer à l'aveugle un total et universel achèvement, ne paraissent pas traduire le caractère de la science réellement existante.

A la bien considérer, elle a une histoire, à l'origine de

laquelle les idées apparaissent dans une étroite dépendance à l'égard de l'expérience. Nul n'en doute plus; (contre le réalisme du fini dans son innéisme, pour le réalisme de l'infini dans son empirisme). Dans les anciennes civilisations de la Chaldée et de l'Égypte où commence l'histoire de la science, dit M. Émile Picard *(De la méthode dans les sciences)*, « la géométrie semble avoir eu un caractère expérimental ». Un autre mathématicien, M. Painlevé, s'accorde avec le biologiste Le Dantec pour admettre que les notions primordiales de l'arithmétique et de la géométrie ont été le résultat « du frottement de nos ancêtres avec les corps solides »[1]; celles de la physique et de la mécanique, le produit des « variations topographiques » des objets qui, gênant l'animal ou risquant de le blesser et l'obligeant à se mettre sur ses gardes, font naître en lui, par les yeux ou le toucher, les notions élémentaires « de distance, de vitesse, de résistance, d'inertie... »

Ce néanmoins, (contre le scepticisme du réalisme de l'infini, pour la confiance du réalisme du fini), on estime les vérités scientifiques, au moins certaines d'entre elles, achevées et définitives; on ne considère comme vérités scientifiques que celles qui sont à ce point. On constate, entre les produits les mieux réussis d'une géométrie purement expérimentale, telle que peuvent la pratiquer les sauvages, et les énoncés de la géométrie rationnelle que créa le génie des Grecs, entre les jugements de la physique du frottement d'avant Newton et ceux de la physique mo-

[1] *Ibid.* p. 78, Le Dantec, *Influences Ancestrales*, p. 87.

derne dont Newton découvrit la méthode, une différence capitale : les premiers comportent toujours des incertitudes, des tâtonnements, « la clause de l'approximation », tandis que les seconds sont « des affirmations absolues » (Sageret, *le fait scientifique*, *Revue philosophique*, 1909). De là à conclure à une indépendance des idées générales, qui précéderaient l'expérience et l'inspireraient, que l'expérience se bornerait à vérifier et à préciser en « guidant les tâtonnements qu'entraîne leur interprétation » mais dont elle ne serait pas l'auteur, il n'y a qu'un pas bientôt franchi (cf. *La Méthode dans les sciences*, p. 110).

Rien n'est plus évident aux yeux de Kant que la généralité et la fixité des notions scientifiques. Toute la *Critique* s'efforce de démontrer qu'elles existent a priori, présentes à l'esprit au moment de l'expérience, dès lors antérieures à cette dernière. Il sait fort bien aussi qu'elles n'ont pas toujours été telles et qu'elles ont mis un certain temps à se constituer : elles sont acquises, disait-il dans sa *Dissertation* de 1770 ; et il le répétera au cours de la préface de la seconde édition de la *Critique de la raison pure*, en 1787. Il tient donc compte, déjà, des deux éléments de la question. Bien plus, son hypothèse de l'idéalisme permet de résoudre la contradiction que, du point de vue réaliste, constituerait leur co-existence. Si, dans leur perfection éternellement achevée d'une part, et de l'autre dans leur changement incessant, les notions prétendent être l'expression unique de la réalité et en épuiser le sens, il faut choisir en effet ; et choisir entre elles c'est choisir entre deux mondes, celui du continu et celui du discontinu, essentiellement exclusifs l'un de l'autre. Si elles se bornent à être ce que le criticisme dit qu'elles sont : des formes de l'esprit, certaines manières d'interpréter la réalité qui n'en traduisent pas nécessairement tout le secret, la variété de leur aspect s'explique. Elles peuvent être à la fois acquises c'est-à-dire relatives, et antérieures à l'expérience c'est-à-dire absolues. Elles sont acquises dans le cours de l'évolution historique et psychologique, au contact de la nature, grâce à ce contact, qui ne les produit pas, mais les éveille au sein de l'esprit où elles attendaient à l'état latent. Sous l'action de l'expérience elles passent de la virtualité à l'acte, et, par un retour instantané, se mettent à diriger elles-mêmes l'expérience. Acquises dans leur passage à l'acte, elles étaient virtuellement antérieures. Variables en tant que considérées aux divers degrés de l'évolution dans les esprits d'hommes inégalement développés, elles sont fixes en leur essence dans l'esprit de l'Homme, et, par les caractères de généralité et de nécessité qu'elles confèrent à la connaissance, se font reconnaître pour telles au jugement de toute intelligence adulte. De ce point de vue la science peut vivre, et nous nous expliquons qu'elle vive en effet. Achevée en principe dans l'esprit humain qui en contient, quand ce ne serait qu'en germe, les conditions formelles, et achevée en fait dans l'esprit de beaucoup d'hommes, elle échappe au découragement sceptique où l'acculait le réalisme de l'infini. D'autre part, fort occupée soit à dégager ceux de ses principes qui ne le sont pas encore, soit à vérifier les autres dans l'expérience, elle évite le danger de paresse que présentait la trop grande confiance du réalisme du fini. Elle se rend compte que sa tâche n'est jamais achevée. Elle a une tâche ; la confiance du finitisme risquait de l'oublier. Elle se sent en mesure de l'entreprendre et d'arriver à chef ; le découragement de l'infinitisme n'osait pas le croire.

Ainsi, si les équivalents philosophiques des types d'intuition défavorables à la religion rendent inexpliquable l'institution d'une vérité scientifique, l'équivalent philosophique du type dont vit la religion, au contraire, l'expliquerait et lui serait propice.

### B. La connaissance morale.

Si, comme le prétend le *réalisme de l'infini* sur la foi de *l'intuition esthétique* pure, la réalité se réduit à un monisme de la nature, c'en est fait, et de l'existence d'une loi morale objective, et de celle de la force morale, [la liberté], qu'elle implique.

Qu'advient-il en effet de *la loi morale* dans cette hypothèse? La notion du bien va se confondre avec celle de l'être de nature, puisque la réalité tout entière est nature. Si le bien est quelque part, c'est là qu'il faut le chercher. Il présentera d'ailleurs des différences d'aspect suivant qu'on le considérera dans la nature expérimentée, ou dans la nature expériencée selon le mode de l'évolutionnisme biologique. Du premier point de vue il se confondra avec la nécessité mathématico-physique. Par là même, rien ne le distinguera plus du mal. Tout ce qui arrive arrivant en conséquence inéluctable de lois inflexibles, comment distinguer des événements bons et des événements mauvais? Il n'y aurait donc ni bien ni mal dans l'univers de Spinoza, si Spinoza, par une convention à laquelle le poussent son optimisme stoïcien et sa piété mystique, ne se décidait à appeler Bien l'universelle Nécessité. La convention admise, nul ne refuserait à une morale fondée sur les bases qu'elle propose un caractère rationnel et général, si l'on pouvait parler de morale hors de la distinction du bien et du mal. Au surplus, nous avons remarqué déjà que le déterminisme est une importation illégitime dans la thèse du réalisme de l'infini. Dans les essais de morale inspirés de la tendance empiriste, seule justifiée par l'hypothèse, tout caractère de rationalité s'évanouit. Le bien, dira Hobbes, c'est le mouvement favorable à l'épanouissement de la vie, c'est-à-dire le plaisir *(jucundum a juvando)*. Il aura son critérium non plus dans l'intellect, mais dans la sensation, son mobile dans l'intérêt individuel. Et sans doute, du point de vue même de la morale du plaisir on ne pourra s'en tenir à l'égoïsme strictement exclusif, ni au plaisir aveugle. Une réflexion même sommaire enseignera la nécessité, pour jouir plus sûrement, de tenir compte de l'intérêt général et des suites lointaines probables des actions. Une arithmétique morale bien conduite (Bentham) appellera bons, non tous les plaisirs indistinctement, mais ceux-là seulement dont on prévoit le plus d'avantages et les plus durables, et mauvais les autres. De l'ordre de la jouissance pure et simple le critère aura passé dans celui de l'utilité. Peu importe. Si compréhensif que l'on suppose l'utile, les notions morales qu'il inspire ne sauraient être absolues. Comme ils l'avaient fait pour les concepts de la science, les réalistes du continu tenteront de démontrer le caractère relatif de ceux de la morale, en en signalant les attaches naturelles au sein de l'évolution. Ils les réduiront sans trop de peine aux deux éléments signalés, la jouissance individuelle et l'utilité sociale. Le droit, remarquent-ils, dut être d'abord le droit de chaque individu à vivre, et le meilleur droit, celui du plus fort ; la justice, la limitation imposée à la force de chacun par la force de l'autre ; le sentiment du devoir, le produit de ce dressage du désir individuel d'expansion par l'intérêt social.

Mais comment le devoir en particulier en est-il venu à acquérir cette autorité sans réplique, ce mandat impératif qu'il a en effet sur la conscience de beaucoup d'hommes et qui lui vaut d'être obéi pour lui-même, indépendamment de tout intérêt, souvent contre tout intérêt définissable ? Le chien de race qui flaire la présence du gibier tombe en arrêt, spontanément, dès le plus jeune âge. L'art de l'homme s'exerçant sur les générations antérieures, recourant tantôt aux coups et au collier de force, tantôt aux caresses et aux bons morceaux, a créé « dans la mémoire de l'animal une association [automatique] entre les actes que l'on veut encourager et certaines impressions agréables, et inversement [1] ». Par l'hérédité, l'association s'est transmise et fortifiée ; elle est devenue enchaînement mécanique et seconde nature nerveuse, aboutissant au renversement complet des élans instinctifs de la race. L'obligation d'observer l'arrêt est devenue pour le chien si absolue qu'elle prime l'autorité

[1] Cf. Letourneau, *L'évolution de la morale*, p. 42.

du maître lui-même : il arrive qu'il garde la position prise, malgré les rappels, voire que même sous les coups il refuse de se précipiter sur la proie. Une longue hérédité s'est emparée des résultats primitivement artificiels du dressage, les a mués en habitudes, puis en penchants « innés » dont l'origine empirique est oubliée. Or « l'homme, bien moralisé, recule devant certains actes exactement comme le chien d'arrêt recule devant la perdrix », conclut l'auteur auquel nous empruntons cet exemple (p. 452). Les procédés employés dans l'éducation des animaux et ceux qui, à l'origine, ont créé la morale, seraient essentiellement identiques. « Que telle pratique... soit continuée pendant longtemps..., que la crainte d'un châtiment y assujettisse les consciences, que la louange en récompense l'observation, il en résultera... une certaine orientation des cellules nerveuses », qui prendra dans la suite l'allure et les exigences d'une prescription morale éternelle et innée. C'est l'oubli des contingences originaires qui, seul, a pu faire de vivants produits de l'évolution vivante les concepts moraux prétendus métaphysiques ; et il est intéressant de constater qu'on les qualifie dans les mêmes termes à peu près que Bergson les concepts intellectuels : résidus « décolorés, morts et momifiés... subtilités sèches, décharnées... ombres d'ombres... » (p. 437).

Il n'en va pas mieux de *la force morale*. Elle réside, pense-t-on habituellement, dans la liberté. Mais l'esprit compris dans la nature, et enchaîné dans les liens que suppose le monisme matériel, ne saurait avoir aucune autonomie concevable. Le réalisme des sciences physiques proclame le règne d'un universel mécanisme. Comme il appelle Bien la Nécessité, si Spinoza tient à conserver le terme de liberté, il ne pourra qu'en parer l'obéissance passive, la soumission à la nécessité. Pour les partisans du réalisme biologique, la liberté se réduira à la spontanéité que l'organisme manifeste dans l'adaptation au milieu. Pur produit de l'évolution, l'individu, de ce point de vue, n'a pas d'initiative propre ; strictement, il ne devrait être considéré comme sujet d'aucune action. Le sujet de toute action en lui, c'est la nature. C'est pour la commodité de l'abréviation que le savant, dit M. Le Dantec, continue à user du langage individualiste et à dire : dans telles circonstances *tel animal a fait* telle chose. Il devrait dire : « De tel moment à tel autre, en présence de tels corps et de tels mouvements du milieu, *il s'est produit* dans l'animal... des changements qui, grâce à la structure actuelle provenant des expériences ancestrales.., ont transformé son organisme d'une manière... avantageuse » pour lui. Sa liberté n'a été que la facilité avec laquelle les dispositions dont l'a doué la lignée ancestrale lui ont permis de tirer parti des circonstances... La liberté morale donc, « encore une notion métaphysique qui résulte d'une expérience ancestrale trop bien fixée dans notre hérédité ». (*Les influences ancestrales*, p. 181-182.)

★

Une philosophie de l'intuition esthétique pure n'admet donc que l'autorité de l'être de nature, du fait nécessaire et inévitable. Ne comportant la possibilité ni d'une loi générale ni d'une force capable de l'accomplir, il rend inconcevable la constitution d'aucune morale prescriptive. Tout au plus laissera-t-il subsister une « science des mœurs » (Lévy Bruhl), où l'observateur se bornerait à tirer de l'étude des faits moraux réalisés des règles empiriques, et dès lors relatives. Ce sera toujours une morale, des morales sans loi ; autant dire point de morales.

Et cela, pourrait-on dire, parce que les principes du réalisme de l'infini le maintiennent *au-dessous* du niveau d'une loi possible. *Le réalisme du fini* va arriver à des conséquences finales analogues, mais par un chemin contraire : parce que l'*intuition éthique pure* qui l'inspire l'élève *au-dessus* du niveau d'une loi concevable. Dans un monisme de l'esprit, l'esprit sera autonome en effet, mais d'une autonomie absolue qui risque d'enlever au concept de liberté toute vraisemblance psychologique. Si le système n'a été nulle part échafaudé avec un unilatéralisme assez strict pour avouer clairement de lui-même cette conséquence extrême, elle paraît pourtant se dessiner dans la théorie néo-criticiste de la volonté. La volonté c'est, pour Renouvier, la fonction humaine par excellence, celle qui, particulière à l'homme, le distingue de l'animal, à plus forte raison de la nature en général. Contestée sans doute souvent en fait, elle est capable en principe « d'étendre indéfiniment ses conquêtes » (G. Séailles, p. 192-200). Car, et ceci est capital, elle est dans le champ *de la nature* origine de commencements absolus, de séries nouvelles, causalité libre *à côté* de la causalité par enchaînement nécessaire, dans le même plan, agissant à l'occasion sur les séries enchaînées, les modifiant quand elle ne les crée pas de toutes pièces. Au fond, force primaire et causalité seule active. Car, ainsi que le remarque M. Séailles (p. 238-240), on ne conciliera jamais au sein d'un monde unique la liberté et la nécessité, et Renouvier ne réussit pour sa part qu'à « attirer tour à tour l'attention sur l'une, puis sur l'autre », sacrifiant en somme, malgré lui et sans le reconnaître, la seconde. « Sa théorie ne tend à rien moins qu'à nier tout enchaînement, toute suite constante et nécessaire des phénomènes, qu'à mettre au fond des choses la contingence... et le hasard ». Et c'est en face de cette conséquence extrême qu'en retour sa notion de la liberté paraît difficilement acceptable : peu satisfaisante pour l'expérience scientifique dont elle romprait le mécanisme ; peu satisfaisante en elle-même et pour la morale parce que, n'ayant en face d'elle qu'une réalité indéterminée incapable de lui présenter de sérieux obstacles, elle tournerait à l'absolu et ressemblerait à un despotisme capricieux plutôt qu'à la liberté. Un despotisme, par la prétention de régner au-dessus de toute loi, c'est-à-dire encore un hors la loi. La morale qui l'admettrait serait donc en cela voisine de la morale empiriste ; elle aussi morale de contingence, d'individualisme rigoureux, exempte d'idéal collectif, de toute règle générale.

★

Le caractère mixte de l'*intuition normale* permet au *criticisme* d'édicter une loi morale. On sait avec quelle opiniâtreté Kant en a relevé le caractère objectif et catégorique. Loi du monde extérieur et connaissance scie tifique à concepts arrêtés, loi du monde intérieur et co naissance morale absolue, ce sont les deux grands articl de sa foi philosophique. Bien sûr, — et voilà en quoi l infinitistes ont raison, — la notion de devoir absolu se trouve pas à tous les degrés de l'évolution, ni en to les esprits. Il est vrai qu'elle paraît acquise, à l'origin et fortifiée dans la suite par un dressage, et qu'ainsi el est en un rapport étroit avec l'expérience. Mais, de mêm que dans le cas de la connaissance scientifique, le rappo est celui de l'effet non à la cause efficiente directe, mais la cause occasionnelle si l'on peut dire, ou évocatric L'expérience ne crée pas la loi ; elle se borne à provoqu l'épanouissement d'une loi latente en tous et qui ch beaucoup reste à l'état involué, mais qui, — et voilà quoi satisfaire partiellement les finitistes, — est esse tielle à l'homme et pleinement évoluée dans les espri adultes.

La loi existe. Quant à la liberté, la distinction des mo des phénoménal et nouménal en permet une notion q ne contredit ni aux privilèges de la science ni aux po tulats de la morale. Le monde des phénomènes, aussi un versellement étendu que peut s'étendre l'universelle c riosité scientifique de l'esprit, est régi à l'infini par l'en chaînement des causes et des effets nécessaires. Il ignor toute intervention d'une causalité libre et ne peut qu l'ignorer. Comment le langage de la nécessité interpré terait-il les actes de la liberté ? L'une n'est pourtant pa incompatible avec l'autre. Le criticisme s'est avisé que l nécessité du monde phénoménal est, plutôt qu'une chose une manière d'interpréter la chose ; l'esprit y apporte non tous ses moyens mais des moyens particuliers, laissant à d'autres moyens, et en particulier à ceux de l'intérêt moral, la possibilité de l'interpréter à leur manière. Le réalisme, qui se croit où qu'il soit en présence de la chose en soi, ou qui s'imagine le sens de la chose épuisé par la formule, quelle qu'elle soit, qu'il en donne, ne pouvait maintenir indéfiniment la coexistence de ces deux réalités antinomiques (Descartes) ; il était réduit, à moins de les juxtaposer dans l'incohérence (Renouvier), à exclure l'une au profit de l'autre (Spinoza). L'idéalisme, qui n'a affaire qu'à des aspects de la chose, réussit à les maintenir tous deux. Bien plus, (précisément parce qu'il ne s'agit que d'aspects), il arrive à introduire une relation dans leur dualisme, à en entrevoir et à en faire entrevoir l'unité organique. De même que la notion de noumène est inséparable de celle de phénomène, la notion de la liberté, en effet, est inséparable de celle de la nécessité, et vice-versa. Si nous n'avions pas l'idée de la causalité libre, aurions-nous celle d'une causalité nécessaire ? Si notre liberté ne trouvait pas dans ses entreprises le sérieux obstacle de la nécessité prendrait-elle jamais conscience d'elle-même ? Nécessité et liberté se confondraient dans une universelle indétermination, à laquelle seul le nom de chaos ferait défaut.

Du point de vue de la connaissance morale comme de celui de la connaissance scientifique, nous parvenons donc à la même constatation : les équivalents philosophiques des intuitions esthétique et éthique exclusives, dont l'inspiration paraissait néfaste à la croyance, se refusent à la constitution d'une vérité morale, que favorise au contraire l'équivalent philosophique de l'intuition religieuse normale. — Il sera instructif de poursuivre les mêmes recherches du point de vue pratique.

## II. LA VIE VÉCUE

Si, laissant là le domaine de la théorie et franchissant un pas décisif, nous abordons celui de l'action, quelles apparaîtront les capacités des éléments en présence ; quelles conséquences auront-ils dans la formation et de l'individu humain et de la société des hommes ?

### A. La vie individuelle.

Si l'*intuition esthétique* impliquée par le *réalisme de l'infini* est justifiée dans son exclusivisme, la constitution de la personnalité humaine devient inconcevable ; son existence, une pure illusion. Un *monisme* de la nature, le mot l'indique, n'admet pas d'individu distinct de la nature, pas d'individu du tout, — individu signifiant indivisible, — parce que pas d'indivisible. Il ne reconnaît qu'*une* nature, une substance *unique*, modifiée en des attributs et en des accidents auxquels leur étroite relation avec la substance ne confère aucune indépendance.

Quelle dignité l'infinitisme de Spinoza laisse-t-il à la personne ? La nature telle que l'interprètent l'intuition spatiale et les lois de la nécessité mathématico-physique y représentant toute la réalité, le plus haut idéal auquel l'homme puisse songer, c'est d'être la raison qui comprend et admet cette réalité. Raison toute passive, reflet du spectacle de la nature. Non seulement l'homme perd ainsi tout caractère individuel ; il est réduit, du point de vue intellectuel, à l'état de simple miroir ou d'appareil enregistreur (un cérébral) ; du point de vue de l'action, à celui de simple effet, de chose mue, de machine (un automate). Le voilà automate cérébral. Quand, vers la fin du siècle passé, certains crurent pouvoir s'autoriser de l'essor magnifique de la science pour échafauder, sur le rêve d'une mathématique universelle, les dogmes d'une foi nouvelle, on put entrevoir plus nettement que par le passé cette conséquence de leur prétention. Elle apparut si redoutable pour les intérêts vitaux de l'humanité que de justes cris d'alarme retentirent, non seulement dans le camp des philosophes spiritualistes proprement dits, mais, parce qu'il fallait pour parer à l'extension du péril des démonstrations plus accessibles, dans celui des hommes de lettres. On vit apparaître ces fortes œuvres que sont, et que resteront à des titres divers, *Le Disciple* de M. Bourget, et beaucoup plus récemment, de M. André Beaunier, cet étrange et magnifique *Homme qui a perdu son moi*.

Michel Bédée, le héros d'André Beaunier, a acquis une célébrité précoce par la découverte du sirium, un autre radium. Très absorbé par les recherches préliminaires, il va l'être davantage encore par la préoccupation des conséquences imprévues que paraît comporter sa trouvaille, ainsi que par la polémique à laquelle elle donne lieu. Au moment où on nous le présente, il a déjà pu constater quelques-uns des inconvénients que peut entraîner l'exercice trop exclusif des facultés intellectuelles. Après ses croyances religieuses, son bonheur intime menace ruine. Sa jeune femme, négligée jusqu'à l'ignorance, ne lui cache pas que son amour pour lui s'étiole. Et peut-être reviendrait-il en arrière, si, en la personne allégorique de son maître l'Alchimiste, il n'était au contraire saisi tout entier par le démon de l'intellectualisme. Un pèlerinage en Hollande, dans les lieux où vécut le saint de la religion de la science, Spinoza, va le plonger en cette possession. Devant la Synagogue d'Amsterdam, l'Alchimiste évoquera la scène où un juif fanatique frappa d'un poignard le philosophe exégète du *Traité de théologie,* pour lui prouver que, à cause de sa pensée, « sa race le haïssait, et qu'il était chassé de la vieille communion juive ». Il rappellera l'idylle qui faillit l'unir à la ravissante Van den Ende : après avoir fait avec le penseur du latin et de la musique, elle épousa le marchand qui lui avait donné un collier de trois cents pistoles, — second coup qui libérait Spinoza, et lui permettait de « livrer sa tête aux idées ». Désormais, retiré en la solitude de Rjnsbourg, le petit village emmitouflé de silence à l'horizon de champs de choux et de peupliers, il partagera son temps entre l'établi où il polit ses lentilles et la table où, par intervalles, il échafaude les théorèmes de son *Éthique.* Il avait vingt-huit ans. Michel croit entrevoir que l'ambition de penser exige ces détachements. Il coupe à vif les liens qui le rattachaient encore à ses traditions et à son milieu familial. Il s'enferme dans la retraite, pour y construire l'édifice de la pensée moniste tel que l'exigent les propriétés du sirium. Et ce n'est qu'une fois la haute tour achevée qu'il s'aperçoit qu'elle est inhabitable. Qu'entreprendre, en effet, une fois accomplie l'œuvre de la pensée pure, dans ce milieu d'où la pensée a rigoureusement exclu toute liberté ? Ayant banni de lui-même toute initiative, toute ambition, tout désir, et jusqu'au brûlant souvenir de Geneviève, le chimiste tombe en une lourde apathie. Il va errer misérablement, en véritable loque humaine, soupçonnant que, en abandonnant pour le culte exclusif de la pensée scientifique les réalités qui sont le sel de la vie, il a abandonné la partie la plus humaine de lui-même, trahi sa personne, perdu son moi. Volonté trop énervée pour revenir en arrière, mais assez lucide pour mesurer sa méprise, amené un soir par hasard à une conférence contradictoire sur la religion, il jettera sur le plateau de cette dernière son témoignage désespéré : « Tenez, jette-t-il à la face des orateurs qui viennent d'invoquer le sirium comme preuve nouvelle à l'appui des prétentions du monisme, moi, j'ai voulu consacrer toute ma vie à la science... Je vais vous dire ce que j'ai fait. J'ai quitté la maison de ma mère, la cathédrale de mon enfance... J'ai quitté ma maison, mon pays, ma femme. J'ai quitté mes souvenirs, mes tendresses, mes amours. J'ai tout quitté ; je me suis moi-même quitté... J'ai offert ma tête aux idées. Elles s'y sont installées comme chez elles, et elles m'ont chassé. Je suis devenu ceci : *un homme qui a perdu son moi*.

On le crut fou. Il n'était que l'image monstrueuse au sens commun, mais fidèle, de l'homme qui ne recule pas devant les conséquences extrêmes du réalisme de l'infini. Le *Disciple* de M. Bourget en avait donné déjà le retentissant exemple. Mais, et en cela les deux livres se complètent, tandis que Michel Bédée, intéressé surtout par la théorie du principe, en réalise les conséquences intellectuelles, ce sont les conséquences pratiques possibles que le cas de Robert Greslou avait voulu mettre en lumière. Le Disciple a été persuadé par les écrits de ce Spinoza du XIXme siècle qu'est encore M. Sixte, de la vérité de la thèse qui fait de l'universel mécanisme la réalité profonde de l'univers : Tout arrive nécessairement en vertu de tout ce qui est. « Si nous connaissions vraiment la position relative de tous les phénomènes qui constituent l'univers actuel, a écrit Sixte, nous pourrions dès à présent calculer avec une certitude égale à celle des astronomes le jour, l'heure, la minute... par exemple, où tel criminel encore à naître assassinera son père, ou tel poème encore à concevoir sera composé. Tout l'avenir tient dans le présent, comme toutes les propriétés du triangle tiennent dans sa définition... » Cette affirmation d'un déterminisme conséquent peut être vérifiée par des expériences artificielles qui sont d'un très grand effet sur le développement de la science, et cela dans le domaine de la psychologie comme dans celui de la physique proprement dite. L'état d'une âme étant connu d'une part, et, d'autre part, tous les secrets de la psychologie déterministe, l'application à cette âme des procédés convenables doit produire mécaniquement en elle les sentiments voulus. Profitant des loisirs que lui laissent ses fonctions de précepteur à la campagne, Greslou va essayer de résoudre, en la personne de Charlotte de Jussat, ce « problème de mécanique mentale » : par simple curiosité de psychologue, amener à l'amour une jeune fille qu'il n'aime pas... On sait le reste, et comment, grâce à une vivisection longue et savante, il arrive en effet à diriger à son gré les rouages du cerveau que le hasard a offert comme champ d'expérience à sa voracité intellectuelle, et, par le cerveau, les sentiments.

Après quoi, accusé du meurtre de Charlotte qui s'est empoisonnée pour ne pas survivre à son déshonneur, le Disciple médite en sa prison. Brusquement arraché aux rêves de la pensée expérimentale et plongé en pleine réalité humaine, sentant rôder autour de lui dans l'ombre les fantômes menaçants des vérités humaines, qu'il avait cru mortes, il adresse à son maître, à la suite de sa confession, ce poignant cri d'appel : « Écrivez-moi, dirigez-moi. Renforcez-moi dans cette conviction de l'universelle nécessité qui veut que nos actions les plus détestables... se rattachent à l'ensemble des lois de cet immense univers. Dites-moi que je ne suis pas un monstre, qu'il n'y a pas de monstres... Je vous en supplie, une parole qui soulage !.. »

Robert Greslou pas plus que Michel Bédée ne sont des personnages réels. Ce sont des personnages vraisemblables, et possibles. Ils ont eu, et ils ont encore dans la réalité des demi-frères ; les préfaces de MM. Bourget et Beaunier nous en feraient la confidence instructive s'il était nécessaire. Et seule leur intrépidité à épuiser la logique du système les distingue des hommes de chair qui, très nombreux, ont suivi à moitié le chemin qu'ils suivent jusqu'au bout. Jusqu'au bout ? Et encore ! L'ultime conséquence du réalisme de l'infini, pour la personnalité, n'est pas de la réduire ni au rôle de Miroir, ni à celui de Machine. En un monisme de l'étendue il n'y a pas de place, à côté de la Nature, pour un miroir de la nature, et la machine humaine y est si bien le produit de la nature qu'il devient impossible de l'en distinguer. Raison réfléchissante, volonté automatique privées de toute initiative, l'homme passe à l'état de simple accident de l'éternelle substance : sa personnalité s'est aliénée au point d'être devenue chose. Elle s'est niée elle-même ; elle n'existe plus. Au dernier degré du développement, l'homme a véritablement perdu son moi. Si l'élève de Spinoza-l'Alchimiste le reconnaît sans ambage et le déplore, et se met à la recherche du disparu, celui de Spinoza-Sixte a quelque raison d'essayer de lui échapper, parce que c'est le moi de la liberté responsable, qui accuse et qui condamne. Il voudrait se donner le change. « Je pense à cette situation, écrit-il, comme à un spectacle auquel je demeure étranger. Même, est-il juste de dire *je* ? Non, évidemment. Car mon véritable moi n'est à proprement parler ni celui qui souffre ni celui qui regarde », ni celui qui a peur, pourrait-il ajouter. Nul ne s'y méprendra. Il n'y a de personnalité possible que dans et par la liberté, et c'est Michel Bédée qui a raison. « Il aurait fallu mourir en bonne logique », dit-il. Le réalisme de l'infini c'est, par la mort de la liberté, la mort de la personnalité. Et il faut approuver pleinement, de ce point de vue, les réflexions de l'Alchimiste à Michel devant le tombeau de Spinoza, simple dalle sans inscription, si ce n'est le chiffre 21, dans une église de La Haye : « Pas de nom ; cela est bien. Celui-là méritait de n'avoir pas de nom qui dépensa toute son énergie à réduire son individualité pour que les idées fussent, chez lui, comme chez elles... Il a mérité cet hommage. On l'appelait, pour plus de commodité, Spinoza : On ne savait pas ! Mais, en vérité, les idées se rencontraient là... crois-tu que c'est beau, cette pierre anonyme ! Ce serait encore plus beau si l'on ne savait pas seulement que Spinoza est ici, oui, et si l'on ne savait pas quel il était, si l'on ignorait qu'il a existé. Ce qui n'était, en lui, que lui-même aurait disparu. Et il ne resterait plus que le livre, la rencontre des idées. »

Cette extinction de la personnalité, *la tendance biologique* l'admet à plus forte raison. Délivrés du préjugé de la rationalité de la connaissance, dont la tendance mathématico-physique s'embarrasse, et qui d'ailleurs s'allie difficilement au réalisme de l'infini, les empiristes purs feraient au moi plus facilement son affaire. Ce *je* que les précédents avaient encore certains scrupules cu certains regrets à proscrire, ils le déclarent illégitime : produit illusoire du langage individualiste, a dit M. Le Dantec. Ils ambitionnent de s'évader hors de lui et proposent cette évasion en but au labeur du philosophe. Hors de la pensée discursive vers l'intuition immédiate, vers le réel, le donné pur, c'est le mot d'ordre. « Entrons, à la suite de M. Le Roy, aux retraites cachées des âmes. Nous voici dans les régions de crépuscule et de rêve où s'élabore notre *moi*, où jaillit le flot qui est en nous... Les distinctions sont tombées. La parole ne vaut plus... *Je me dis-*

*sous* dans la joie du devenir. Je m'abandonne au délice d'être une réalité jaillissante. *Je ne sais plus si je vois des parfums, si je respire des sons ou si je savoure des couleurs*[1]. Est-ce que j'aime? Est-ce que je pense? La question n'est plus rien pour moi... Non pas que ma vue soit trouble ou mon attente paresseuse. Mais j'ai repris contact avec la réalité pure, dont l'essentiel mouvement n'admet aucune forme de nombre. Au fond, la réalité apparaît comme un écoulement ininterrompu, un impalpable frisson de nuances... un flux perpétuel d'ondes fuyantes et fondues qui se résolvent sans heurts les unes dans les autres... » A ce degré, mais c'est peut-être un idéal auquel nul ne parvient, l'homme vibre à l'unisson avec la nature, il s'est fondu en elle, lui abandonnant tout ce qui distinguait la personne non plus de la chose, en tout cas pas de la chose morte comme le faisaient les rationalistes de tout à l'heure, mais si l'on veut de la chose vivante. L'homme n'est plus la machine, il est l'être d'instinct, et, au sens le plus honorable du terme, la bête, celle que dirigent l'intelligence la plus rudimentaire et l'instinct le plus sûr.

★

Machine et automate inanimé, ou être d'instinct et chose vivante, il reste que la thèse du réalisme de l'infini n'admet point l'existence de la personne humaine. Le moi y souffre et s'y atrophie. Dans celle *du réalisme du fini*,

[1] C'est nous qui soulignons.

où prédomine l'*intuition éthique*, c'est au contraire d'hypertrophie qu'il sera atteint. Il risquera de périr, non plus par évanescence, mais par exagération de son principe. Cette philosophie érigeant en réalité dernière le discontinu, le séparé, le contingent, et faisant de la liberté la loi même de l'univers, accorde en effet à la personnalité une dignité capitale, un souverain pouvoir. Elle la conçoit comme achevée, alors que sa rivale prétendait l'empêcher d'être.

Fichte déjà avait cru pouvoir aiguiller le criticisme de ce côté. Frappé de l'insistance avec laquelle Kant avait relevé la dignité de la liberté, il l'avait, — et après lui tout l'idéalisme allemand du commencement du siècle, — conçue comme absolue. Le moi, qui dans Kant avait sa limite dans la chose sur laquelle il exerçait son empire et dont il était, selon la formule célèbre, le législateur, en devenait le créateur. N'ayant en face de lui que l'être qu'il produisait de sa propre substance, il était désormais le seul être existant. Mais cette apothéose de la personnalité devait trouver une expression beaucoup plus claire, et plus défendable, dans le système de Renouvier. Renouvier, qui n'en indiquait dans ses premières œuvres que les préliminaires, l'a réalisée dans cet exposé final de sa pensée que, précisément, il a appelé le *Personnalisme*. La personne humaine y est supposée démiurge du système solaire. Les premiers hommes auraient tenu de Dieu une liberté capable de gouverner le mécanisme du monde qu'ils peuplaient, monde aujourd'hui disparu, mais dont Renouvier établit l'hypothèse avec un grand luxe de considérations astronomiques. Ils l'auraient mal gouverné. Par quelque monstrueuse entreprise, peut-être par des déplacements nécessités par les ouvrages d'une guerre titanesque, ils auraient rompu l'équilibre de cette première création, ils l'auraient réduite à ce chaos de la nébuleuse mère du système planétaire actuel que l'évolution a peu à peu débrouillé...

Que cette personnalité aux attributs quasi divins ne présente qu'une lointaine analogie avec la nature humaine, cela est manifeste. Aussi bien ceux qui nous la dépeignent la placent-ils hors du champ de l'expérience. Le moi monarque qui imposerait au monde une volonté despotique n'est, pour Fichte, aucun de nos mois individuels, aux bornes trop évidentes. Il s'agit d'une âme universelle idéale, dont les âmes réelles ne sont que des émanations limitées en étendue comme en puissance. Ces personnes primitives, d'ailleurs brisées dans la catastrophe que leur valut leur initiative, et que les individus ne reconstitueraient que partiellement au cours de l'évolution, Renouvier les loge dans un monde hypothétique antérieur à notre monde. Pures entités métaphysiques, leur activité s'exerçant hors de la nature ou sur une nature de condition totalement différente de la nature à nous connue, il n'y aura entre elles et la personne viable dans les conditions actuelles aucune commune mesure.

Ainsi, opposant à la Machine le Démiurge, à la Bête l'Ange, au *soushomme*, qui n'est pas encore l'homme, le *surhomme* que l'homme ne peut songer à être au sein de la création terrestre, le réalisme en ses thèses opposées paraît aussi incapable de donner la formule de la personnalité humaine que l'immanentisme ou le transcendantisme des types religieux extrêmes le paraissaient d'en favoriser l'essor.

★

Cette formule, le criticisme la donnerait. L'intuition mixte qui l'alimente, interprétée dans l'hypothèse des deux mondes — le phénoménal et le nouménal — associés en tout objet, permet de présenter la personne comme participant, à la fois et inévitablement, à la nécessité de la nature et à la liberté. Rien n'empêche d'ailleurs d'admettre l'évolution de l'une à l'autre, et que la personne se fasse. Elle se fait, se dégageant peu à peu de l'animalité. Mais elle ne se confondit jamais avec cette dernière. Elle eut toujours en principe son existence particulière, plus ou moins latente. Elle parvient peu à peu à la conscience claire de la vérité intellectuelle et de la vérité morale éternelles. Elle les découvre, et elle les réalise en elle... En ceux-là mêmes en qui elle est le plus prononcée, elle continue à impliquer la relation essentielle. Elle suppose *la primauté* de la loi morale et de la liberté, non l'anéantissement de la résistance de la nature, hors de laquelle la loi serait sans objet et la liberté inconcevable. C'est cette relation qui la crée. Elle naît de ce corps à corps ; elle s'affirme par cet assujettissement ; elle subsiste grâce à cette maîtrise. Lutte, victoire, domination qui ne cessent à aucun degré d'impliquer l'adversaire, le vaincu, le sujet. Ainsi, semblable à ce chêne, « dont la tête au ciel était voisine, et dont les pieds touchaient à l'empire des morts », la personne, — et c'est en cela qu'elle est personne, — participe aux deux mondes. Elle n'est ni de la terre seule ni du ciel seul, ni machine ni démiurge, mais le flambeau de l'intelligence et l'initiative de la liberté démiurgiques dans le mécanisme de la machine ; elle n'est ni ange ni bête, mais, dans la bête, l'inspiration de l'ange, la pénétrant et l'imprégnant peu à peu de cette insigne dignité qu'est l'humanité.

### B. La vie sociale.

Et, si telles sont les conséquences respectives des intuitions types et de leurs philosophies dans l'interprétation de la notion de personnalité, quelles seront-elles pour celle de société? Toutes parallèles, et faciles à fixer brièvement.

Pour le *réalisme de l'infini*, s'il reste fidèle à *l'intuition esthétique*, la société consistera dans la réunion d'individus restés au-dessous du niveau de la personnalité : des choses inertes, des machines ; des choses vivantes, des bêtes ; ce que peut être l'homme compris de toutes parts dans le réseau des réalités de la nature, et finalement confondu dans la nature. Entre eux il ne saurait y avoir d'association proprement dite. Ils se rassemblent en agglomérations plus ou moins fortuites, plus ou moins nécessairement provoquées par les circonstances ou les intérêts. C'est là, d'après les empiristes de l'école de Hobbes, l'unique ressort de la politique. Au premier degré, là où l'individu se sent dans la dépendance immédiate et prépondérante de la nature, règne le simple droit individuel à la vie. La volonté de l'homme qui veut vivre et défendre sa vie, dans la mesure où il arrive à triompher, c'est le droit. L'initiative heureuse dans le sauve-qui-peut de la lutte, c'est la loi. L'homme est encore le pur *homo homini lupus*, et l'état social se résume dans la sauvagerie, ou l'anarchie inter-individuelle primitive. Au second degré, plus facile à constater dans l'histoire, le sentiment de dépendance à l'égard de la nature se trouve subordonné au sentiment de dépendance à l'égard du groupe familial ou ethnique. Ces grandes puissances sociales que sont la Terre et les Morts, le pays et ses traditions sont apparues. De gré ou de force, l'individu s'incline devant elles. Il abdique quelques-uns de ses droits en faveur du groupe. Mais entre les groupes ainsi formés reparaissent exactement les mêmes relations qui existaient entre les individus isolés. Et c'est la situation politique générale actuelle du monde même civilisé; encore la sauvagerie, une anarchie qui ne se distingue de la précédente qu'en ce que, au lieu d'être inter-individuelle, elle est internationale. Le point de vue du réalisme de l'infini, où l'individu (simple ou multiple) est envisagé comme force de nature, exclut tout autre droit que celui du plus fort. Il n'admet donc pas de droit véritable ni de justice; en conséquence, — des sociétés sans doute, — mais pas de société où tout être humain trouve sa place, pas de société humaine au sens le plus général de société des hommes.

*

Dans le *réalisme du fini*, *l'intuition éthique* pure met en présence les unes des autres des personnes faites, et parfaites. Toutes attaches de la nécessité y sont prétendues coupées. Psychologiquement adulte, l'individu isolé est censé maître de lui-même, affranchi des tyrannies de la nature. L'achèvement de l'évolution historique, de même, l'a délié de ses obligations spéciales à l'égard de la nation. Au sujet, au citoyen que mille fortes fibres et mille souvenirs sacrés rattachaient à sa Terre et à ses Morts, a succédé le Sans-patrie, celui que M. Barrès appelle très justement « le tzigane de la métaphysique hégélienne », et qui était déjà l'Homme libre et disposant de soi-même de la politique de Jean-Jacques Rousseau. La libre association de telles personnes, tout homme étant tel, inaugure la société humaine universelle, la démocratie internationale pour laquelle le socialisme lutte, et qu'il pense réaliser déjà partiellement.

La *libre* association de *telles* personnes constituera la société humaine universelle... Le socialisme la réalisera-t-il ? Il est permis d'en douter. Sa conception fondamentale de l'humanité tient de l'éthicisme exclusif. Il considère la personne, et toute personne, comme actuellement achevée. Sa passion de l'égalité l'aveugle sur les différences morales. Ou plutôt, oubliant que le travail de la liberté morale est essentiel dans la formation de la personne, il prétend en faire abstraction et opérer en dehors de cet élément le nivellement des conditions sociales. Et à cette illusion de principe, en relation étroite avec elle, s'ajoute une erreur de tactique. Pour organiser actuellement l'ensemble des personnes, ainsi arbitrairement constitué de l'ensemble des individus humains, en une société universelle, il faut le secours de la contrainte. La libre association universelle n'est en effet concevable que dans la supposition d'une humanité parfaite, parvenue dans tous ses individus à la libre personnalité. Elle est, ou le mythe de l'âge d'or du passé, ou l'espérance de l'avenir, ainsi que l'avouaient volontiers les philosophes de l'intuition éthique. En prétendant ignorer l'évolution morale et religieuse qui seule peut y amener, la politique sociale de l'internationalisme, si généreux qu'en soient les mobiles, se condamne à de vains efforts. Elle ne constituera pas la société de l'avenir.

La société idéale ne peut naître que du groupement des hommes tels que le criticisme, sur les indications de l'intuition religieuse normale, les conçoit : individus humains devenus personnes, ou en train de le devenir, par les gains accumulés de la liberté. L'universalité en reste idéale. Mais ceux qui l'espèrent, tous ceux en qui la personnalité s'est affirmée, se sentent pressés d'en hâter l'avènement en s'associant au lent effort qui transforme un à un les individus. A la paresse qui envahit les partisans de l'homme animal parce qu'ils ne croient pas à aucune association possible, à l'illusion qui fausse les efforts des partisans de l'homme démiurge, parce qu'ils s'imaginent l'association actuellement réalisable, s'oppose ainsi l'espoir actif et fécond de ceux qui échafaudent l'avenir, les croyants en la vie spirituelle.

*

Ainsi donc, l'intuition mixte dont vivait le type religieux le plus vivace paraît le fond même de la vie intellectuelle et de la vie spirituelle vécue. Hors des présuppositions qu'offre son équivalent philosophique, le criticisme, dans celles des réalismes correspondant aux intuitions de l'être ou du devoir être exclusives, la constitution de vérités générales telles qu'elles existent en science et en morale, celle de la personne et de la société humaines au sens le plus élevé des termes ne s'expliquent pas; bien plus, elle se révèle impossible. En faut-il davantage pour prouver sa nécessité, et, du même coup, celle du Dieu qui la garantit?

---

## CHAPITRE III

# LE DIEU DE L'INTUITION RELIGIEUSE NORMALE, SOURCE DE LA VIE

Pour montrer, devant le tribunal de la pensée, et la légitimité et la nécessité de l'intuition mixte ou religieuse normale, dans la synthèse qu'elle opère des intuitions esthétique et éthique pures, nous en avons étudié l'équivalent philosophique possible dans le criticisme. Le seul fait que ce dernier constitue un chapitre reconnu important de la philosophie, à côté des chapitres consacrés aux réalismes, suffisait à notre première ambition. Et la seconde nous a paru satisfaite à son tour en ce que le criticisme permet de rendre compte, mieux que les formules rivales, qui n'en rendent pas compte du tout, de la naissance et du progrès de la vie intellectuelle et de la vie morale. Et, puisqu'il fallait philosopher, félicitons-nous de ce que cette battue dans les champs de l'abstraction n'ait pas été vaine. Elle apporte en effet un témoignage précieux à l'appui de la conclusion à laquelle nous avait amenés l'étude historique et psychologique de la croyance : Il y a entre la religion et la vie la relation la plus intime. La vie s'étiole et finit par mourir sous l'influence prédominante des intuitions mortelles à la religion. Elle prospère au contraire quand elle s'inspire de l'intuition la plus favorable à la religion elle-même. L'exposé des réalismes, dans les systèmes opposés de Spinoza et de Renouvier, nous a expliqué pourquoi les tendances esthétique et éthique exclusives devaient amener, l'une dans sa divinisation de la nature à un pessimisme sans remède, l'autre dans sa divinisation de l'humanité à un optimisme dangereusement aveugle, l'une au marasme et l'autre à la surexcitation de la vie. L'hypothèse de l'idéalisme kantien, d'autre part, nous a permis d'entrevoir comment il se fait que l'épanouissement des plus hautes valeurs vitales soit en fait lié à la religion de l'Évangile.

Affirmons-le avec plus de précision, du point de vue où nous sommes parvenus : Ce sont les pays chrétiens, et plus spécialement les nations où le christianisme vise à s'inspirer le plus de l'Évangile primitif, qui ont le plus vigoureux élan vers la vie spirituelle. Ils connaissent en effet, à côté d'organisations politiques basées sur de tout autres principes[1], il est vrai, *ces groupements humains les moins imparfaits que sont les Églises* dans la mesure où elles se souviennent de l'assertion de Jésus : Vous êtes tous frères, fils du même Père qui est aux

[1] Quelle part de la responsabilité des évènements actuels (1914-1915), qui paraissent infliger un démenti si cruellement ironique à cette page, revient aux organismes politiques, et quelle part aux Eglises égarées, j'ai essayé de le dire dans la brochure : *La part de Dieu à la guerre.*

cieux. L'Église fidèle, c'est l'image de la société idéale que veut réaliser le royaume des cieux ; c'en est en tout cas l'instrument. C'est à elle que la démocratie sociale a emprunté son programme d'union internationale, ne lui faisant qu'un reproche, celui d'être trop lente à le mettre en action. Elle avance peu, il est vrai ; en partie à cause de la paresse d'un trop grand nombre de ses adhérents ; mais aussi, il est juste de le reconnaître, et voici en quoi sa rivale du siècle ferait bien de rester à son école, parce qu'elle tient à n'avancer qu'à coup sûr. L'organisation d'une fraternité ne se conçoit qu'entre hommes qui, ayant renoncé à l'égoïsme naturel de l'individu, sont arrivés ou en voie d'arriver à *la personnalité*. Seule la possession de soi qui caractérise cette dernière permet le don de soi, le libre abandon des prérogatives de l'individu et l'adhésion à la valeur universelle. But lointain. L'homme-bête de l'intuition esthétique le juge inaccessible ; l'homme-ange ou démiurge de l'intuition éthique s'imagine l'avoir touché. L'homme qu'inspire l'intuition de la vie spirituelle s'efforce de l'atteindre, et seul s'en rapproche. C'est l'homme selon Jésus : non un anonyme et fugace moment de l'évolution physique ; pas davantage une entité métaphysique achevée en soi et parfaite, mais une créature de chair appelée à marcher selon l'esprit ; un être soumis à la juridiction de la nécessité de nature que le travail d'une nouvelle naissance, — prolongé peut-être toute la vie, — doit enfanter à la liberté. L'Église travaille lentement parce qu'elle vise à ce développement ; mais elle travaille. C'est grâce à elle, n'en déplaise à ceux qui ne veulent voir en elle qu'une institution d'esclavage, que les continents christianisés sont beaucoup moins que les autres dépourvus de personnalités.

Que les individus humains et la société tels que les forme l'Évangile aient présenté au magnifique essor de *la vie intellectuelle* en Europe et en Amérique des conditions particulièrement favorables, cela paraîtra moins incontestable pour la vérité proprement scientifique que pour *la vérité morale*. Nul n'hésite à attribuer à l'Église une part prépondérante dans l'élaboration des notions morales absolues. Exposées et exemplifiées sous une forme populaire dans les Évangiles, les docteurs n'eurent, pour en présenter la forme didactique abstraite, qu'à les transposer dans le langage de l'école, et à les systématiser. Quant à *la vérité scientifique*, nous n'avons garde d'oublier l'opposition opiniâtrement absurde que les autorités ecclésiastiques firent longtemps à son progrès. Il reste que les continents christianisés sont ceux où l'essor de la science a pris naissance et est arrivé à son apogée. *Malgré* la religion ? Non, quoi que puissent suggérer les apparences. C'est de nos jours une affirmation banale que le conflit ne se fût jamais élevé entre la science et la foi, si, de part et d'autre, on eût su se garder de prétentions exagérées. *Indépendamment* de la religion, sous l'action de causes étrangères à elles ? On a pu le penser. Mais l'étude de l'équivalent philosophique de l'intuition religieuse normale vient de nous amener à une autre conviction. Il y a un rapport, peut-être lointain, mais sensible encore, entre l'intuition normale de la valeur et le progrès de la vérité scientifique. Par la confiance qu'elle donne en la vie, en la liberté humaine, en la possibilité et en la nécessité de la marche en avant vers la perfection, la religion chrétienne, — en dépit de bien des chrétiens, — a contribué à favoriser l'essor même de la science. Voilà donc revêtue de la double autorité de la réflexion philosophique et de l'observation historique cette assertion capitale : Tandis qu'un dépérissement de la vie en toutes ses manifestations accompagne les religions des tendances esthétique ou éthique exclusives, la religion normale provoque autour d'elle un épanouissement général de la vie. La religion normale est indispensable à la vie.

Et dès lors aussi le Dieu qui la garantit. Un Dieu. Autre chose que la Nature, et autre chose que l'Homme. Autre chose que la nécessité et autre chose que la liberté. *Chose*, *cause* qui explique l'existence de l'union complémentaire de la matière et de l'esprit, et sa fécondité inépuisable. Le Dieu de l'intuition mixte est, parce qu'est la vie de cette intuition. La vie supérieure de l'humanité est, et elle n'est pas en voie de s'éteindre : voilà déboutées les prétentions de cet athéisme qu'est le panthéisme ou monisme de la nature. Le dieu tout immanent au monde n'existe pas ; s'il existait, ni la vérité, ni la personnalité, ni la société n'eussent jamais pu naître. Et voici déboutées les prétentions contraires de cet autre athéisme qu'est le théisme d'une transcendance absolue. Nous nous refusons à reconnaître en nous-mêmes, dans la vérité que nous connaissons et qui est faillible, dans la personnalité que nous réalisons, dans la société que nous formons, qui sont trop éloignées de l'idéal, la perfection de la divinité. Cette vérité qui domine, en la côtoyant toujours, l'expérience dont elle se dégage ; cette liberté que met en relief le perpétuel contraste de la nécessité et qui se fortifie des résistances de la nécessité, cette affirmation de la personne sous le masque de l'animalité, et de la société fraternelle dans le chaos de la sauvagerie de nature ; toute cette mouvante réalité qu'est la vie spirituelle entre l'immobilité morte que serait le pur règne de la nature et cette autre immobilité morte que serait le pur règne de l'esprit, suppose, à son origine, un Dieu distinct de la nature et distinct de l'humanité, le mystérieux Dieu intermédiaire dont il restera à déterminer les caractères.

*Dieu est parce que la vie supérieure est.* Cela pourrait suffire. On pourra ajouter toutefois : *il faut que Dieu soit, pour que la vie soit.* La vie est, et pourtant elle n'est pas. Son état vrai, c'est le devenir. L'élaboration des notions scientifiques dans les chantiers de l'expérience est loin d'être achevée. La parfaite adéquation d'une science sans hiatus à la nature tout entière ne sera l'œuvre que d'un lointain avenir. Si la connaissance de la morale de l'absolu, en ses lignes essentielles, paraît plus avancée que la connaissance scientifique, la précision et la clarté de ses lois met en un relief plus saillant les insuffisances de la pratique. Nous avons convenu déjà que, strictement, il conviendrait de voir en ce type le plus prononcé de l'homme qu'est le vrai chrétien non la personne, mais un candidat à la personnalité, et en cette société la meilleure qu'est une Eglise digne de ce nom non l'humanité idéale, mais l'école d'icelle... Pour que la vie intellectuelle en devenir devienne et ascende toujours plus haut vers la vérité, pour que cet idéal de clarté cérébrale, de pureté d'intentions et de féconde action morale s'épanouisse en ceux qu'il a saisis, il faut que Dieu, qui est, soit.

Du pragmatisme ? — Distinguons. Dire : Dieu est parce que l'intuition de la vie spirituelle est, c'est procéder à cette induction que nous avons reconnue normale une fois admise l'intuition, fait psychologique reconnaissable à tout œil non prévenu. Dire : il faut que Dieu soit pour que la vie persiste et progresse, c'est sacrifier à un certain pragmatisme, qui n'a rien de redoutable, et, surtout, rien d'évitable. Du point de vue le plus général, le pragmatisme place le critère de la vérité dans le résultat utile. Est vraie, prétend-il, une proposition utile, à l'esprit dont elle satisfait la curiosité théorique, à la vie vécue dont elle favorise les entreprises. Y a-t-il là rien qui doive rebuter l'esprit ? Cela dépend de l'extension donnée à la notion de l'utile. Si l'on tente de la restreindre au côté exclusivement pratique de l'existence, l'intellectualisme aura raison de croire la vérité en péril. Y fait-on délibérément rentrer le côté théorique, et pose-t-on le principe en ses limites les plus reculées : est vraie toute proposition utile *à la vérité elle-même, à la contemplation et à la réalisation de la vérité*, l'intellectualisme le plus intransigeant n'a plus qu'à s'incliner. A protester, il méconnaîtrait ses intérêts les plus essentiels. Et tel est le pragmatisme qui affirme l'existence de Dieu, postulat impérieux de la vie dans ses manifestations les plus élevées, hypothèse en l'absence de laquelle s'écroule l'édifice de la pensée et de l'action, la maison même de l'huma nité.

« C'est admettre le bien fondé du *Timor fecit deos !* Et pourquoi pas, si l'on veut bien infléchir le sens du *fe cit*, et traduire non : la crainte *créa* les dieux, mais : l crainte en créa le besoin et la recherche. Il y a dans cett assertion une vérité permanente. C'est la peur, plus sou vent que l'admiration, qui rapproche l'homme de Dieu Cette origine n'est point inavouable ; elle ne serait à re douter pour la croyance que si les raisons de craindr n'existaient plus, ou s'il était à prévoir qu'elles disparaî tront. Mais cette illusion, que beaucoup ont partagé avec Lucrèce :

> *Simul ac ratio tua coepit vociferari*
> *Naturam rerum...*
> *Diffugiunt terrores...*

apparaît bien vaine. Les progrès de la civilisation n'im pliquent nullement en eux-mêmes celui de la tranquillit d'âme. Ils déplacent le danger, ils ne l'annulent pas plutôt ils l'augmenteraient. Domestiquée dans une ma jeure partie de ses forces par le persévérant labeur de arts et métiers, la nature dispose encore de mille arme contre l'homme d'aujourd'hui ; il n'est pas une des in ventions par lesquelles il a cherché à la subjuguer qu n'occasionnent ici et là une hécatombe. Et peut-être l souffrance et la mort sont-elles plus cruelles qu'autrefois. A l'aube de l'évolution elles ne faisaient crier que la chair, ou n'avaient dans l'âme encore assoupie que d'obscur retentissements. Maintenant, c'est, avec la chair, le cœu qu'elles oppressent, et le cerveau qu'elles embarrassent de questions insolubles. Les recherches des savants, les réflexions des penseurs paraissent avoir pénétré à jour et le monde physique et le monde moral. Et pourtant, à mesure que la méditation persévère en ses efforts, elle voit sa tâche grandir. Les énigmes de l'univers, en dépit de la confiance d'un Hæckel, apparaissent plus loin que jamais de leur solution. Allumez une lampe dans la nuit; élargissez-en la flamme : plus vous allongerez le rayon de l'espace éclairé, plus vaste vous apparaîtront, à la limite, les champs des ténèbres (M. Guyau). Ainsi, à la limite du domaine exploré par la science, continue et continuera à s'étendre le domaine de l'inconnaissable. Et de même, à la limite du champ du devoir réalisé, s'ouvre le champ plus vaste du devoir à réaliser. Les plus savants sont aussi ceux qui répètent à l'occasion le mot de Platon : Je sais une chose, c'est que je ne sais rien ; tant ce qu'ils savent leur apparaît peu de chose en proportion de ce qu'ils ignorent. Les plus avancés dans la pratique de la perfection morale sont aussi, tant ce qu'ils font leur paraît peu de chose en comparaison de ce qu'il reste à faire, ceux qu'effraie le plus le sentiment de leur insuffisance, et qui comprennent le mot du Christ : Quand vous aurez fait tout ce qui vous est commandé, dites : Nous sommes des serviteurs inutiles... Mystères pratiques des difficultés quotidiennes, mystères des hauts problèmes intellectuels, ou des grandes exigences du devoir, l'homme s'est libéré des frayeurs ancestrales : c'était pour connaître, en présence des infinis inexplorés dont il est le centre tant dans le monde des corps que dans celui des esprits, le frisson de vertige qui ébranla si profondément Pascal. La crainte peut donc à juste titre persister que ne soit pas Celui qui peut garantir contre le danger de l'inconnu : le danger persistera.

Mais, répétons-le, avec elle et avant elle doit persister la crainte que périssent ou que dépérissent les privilèges reconnus tels : l'organisme des notions scientifiques et des principes de la morale, ce cœur vivant de la vérité intellectuelle, et ces insignes de la spiritualité vécue que sont la personnalité dans l'individu, la fraternité dans la société. Le choix s'offre à qui veut choisir. Ou bien s'arrêter à l'athéisme du théisme extrême dans la religion de l'humanité, et se contenter d'admirer en une humanité de pure imagination l'idéal d'une vie spirituelle considérée comme irréalisable ; vivre en cette contemplation, vivre d'illusion. Ou bien tenir pour vrai l'athéisme du panthéisme extrême dans la religion de la nature ; renoncer à voir jamais naître la vie spirituelle ; vivre en cette constatation désolée, et à l'extrême ne plus vivre... Ou bien, pour vivre, et parce que l'on vit, reconnaître la religion de Dieu. On ne vit pas longtemps hors de la réalité, et on se résoud rarement à ne plus vivre. On vit, admettant à tout le moins quelque rudiment de vérité intellectuelle, occupant une place, fût-elle la plus modeste, dans la société des personnes humaines. Et c'est la preuve que l'on croit au Dieu réel d'une façon beaucoup plus générale qu'il ne semble.

*Croient en lui*, pourrait-on dire, *ceux qui vivent*

*la vie humaine*[1]. Plusieurs, il est vrai, se soucient peu de croyance ; ils protesteraient même de leur incrédulité. Ils ne distinguent pas le rapport entre leur respect de la vérité, entre leur pratique de la vérité, et la foi en Dieu. Ils honorent la science et font le devoir quotidien : ils manient les notions intellectuelles et utilisent la force de la liberté, ces merveilleux moyens de l'intelligence et de la volonté, sans se préoccuper de leur origine. Les moyens sont là ; ils fonctionnent bien ; peu importe d'où ils viennent. Attentifs aux seuls produits de l'organisme spirituel, le mystère de son existence ne les touche pas. Ils parlent volontiers de science « laïque », et de morale « indépendante ». Ce sont des savants sérieux, et des hommes de devoir, qui ne veulent savoir autre chose que l'action bonne et la pensée probe. Honneur à eux. Quoi qu'ils puissent dire, par leurs exercices intellectuels, par leurs travaux pour le bien, par leur effort de vie spirituelle, ils vivent de Dieu et font profession de Dieu. De ce point de vue, les seuls vrais athées seraient, — ne mentionnons pas les visionnaires de l'intuition éthique pure, introuvables dans la réalité, — les matérialistes en actes, les purs jouisseurs, ou les désespérés, ceux qui, ne pouvant se résoudre à la condition de l'animalité et ne trouvant point d'issue vers la vie supérieure, se réfugient dans la mort.

*Mais croient en lui d'une foi plus digne de ce nom et plus efficace les clairvoyants, ceux qui savent sur*

[1] Les articles de M. Le Roy à la *Revue de Métaphysique et de Morale : Comment se pose le problème de Dieu* (1907) amenaient, par des voies différentes, à une conclusion analogue.

*quoi repose leur vie.* Ils font leur part du travail scientifique ; ils mettent en œuvre l'intelligence, comme les précédents. Mais ils ne se contentent pas, comme eux, de manier machinalement l'outil. Ils se prennent à arrêter sur ce dernier leur réflexion, et ils s'émerveillent de sa perfection complexe ; ils posent à son sujet, au delà des bornes de la pure science, dans le champ de la philosophie, la question des origines. Ils finissent par reconnaître que l'outil est divin, et ils s'inclinent devant le Génie créateur. Ils ne négligent pas le quotidien devoir, pas plus que ceux de tout à l'heure. A l'écoute de la voix impérative, attentifs non seulement à ses ordres mais au mystère de son timbre, ils soupçonnent bientôt qu'elle n'est pas de l'ordre de la nature. Ils rendent hommage à l'inspiration divine du programme, ils s'inclinent devant le Génie inspirateur. La pensée hardie et l'action courageuse les amènent à la claire connaissance, et à la loyale reconnaissance, de leur foi en Dieu.

*Penser* en vue du vrai. Penser largement, dans tous les sens ; non en manœuvre qui se borne à appliquer à l'objet de son étude les catégories de la connaissance scientifique, tel l'ouvrier qui met en marche une machine dont il ignore le principe, — c'est à peine penser — ; porter sur la machine elle-même l'attention de l'ingénieur ; penser en curieux des sources du vrai ; chercher à se rendre compte des conditions de la vie spirituelle, — et la formule résume l'ensemble de notre argumentation jusqu'à maintenant, — c'est le chemin vers la conviction de l'existence de Dieu. C'est le moyen d'entrevoir en Dieu la source de la vie. Entrevoir seulement.

Il y a mieux. Un mieux que résumera cette seconde formule : Vivre la vie spirituelle. Passer de la réflexion à l'action reconnue possible, et nécessaire.

*Agir* pour le bien, toujours, partout ; travailler non en esclave qui obéit sans savoir pourquoi, sinon qu'il le faut, à une œuvre qu'il ne comprend pas ; élever en maître maçon l'édifice de la personnalité en soi, et, autour de soi, la cité des personnalités fraternelles telle que l'Évangile en fixe les lois ; avoir l'ambition de couronner l'œuvre, d'aller jusqu'au bout du devoir, d'épuiser les prescriptions de la charité : c'est le moyen de voir Dieu en entrant en relation avec lui, car c'est l'obligation de le prier.

*Prier*. — L'homme qui pense pouvoir interpréter la vie par l'intuition esthétique, et pour qui l'être de nature est la seule réalité concevable, nous l'avons vu, ne prie pas. Pas davantage, s'il pense pouvoir interpréter la vie dans l'intuition éthique pure, et si le devoir être achevé est pour lui la seule réalité. Pourquoi prierait-il ? Toute la réalité étant pour lui réalisée, il n'a faute d'aucun bien ; ou bien, n'admettant pas la possibilité d'autres biens que ceux qu'il a, il borne à ces derniers ses désirs. Et qui prierait-il ? La Nécessité, la Contingence déifiées, un dieu qu'il aurait identifié à l'unique réalité — matière ou esprit — admise ? Cet homme-là, d'ailleurs, est rare. Puisqu'il le faut chercher soit au nombre des parfaits d'un ordre spirituel exclusif difficilement compatible avec la condition terrestre de l'humanité, soit parmi les jouisseurs dépourvus de toute capacité spirituelle, parmi les Anges ou parmi les bêtes, on peut à peine le considérer comme homme.

Entre les hommes dignes de ce nom parce qu'ils ont affleuré au niveau de la spiritualité et que le monde leur apparaît dans l'intuition mixte, beaucoup ne prient pas. D'abord, naturellement, ces tâcherons de la pensée et de l'action qui n'ont pas entrevu le Dieu dont vit secrètement leur action et leur pensée : ils ne songent pas à détacher de leurs travaux absorbants les yeux ni les mains pour un regard, pour un geste, vers Celui dont ils ne se doutent pas qu'en lui est la condition primaire du travail. Mais ensuite aussi plus d'un d'entre les perspicaces. Ils ont entrevu Dieu aux sources de la vie spirituelle, mais cette révélation de leur intelligence leur suffit. Ils hésitent devant le face à face avec Lui. Gens en qui les préoccupations théoriques l'emportent sur les exigences de la pratique, les circonstances, secondant peut-être une nonchalance naturelle en eux, leur permettent de rester confinés dans le paisible domaine de la spéculation. A leur vie simplifiée suffit une foi en Dieu qui n'est qu'une certitude abstraite en l'existence d'une abstraction. Leur Dieu, c'est l'hypothèse-Dieu qui, par l'assise qu'elle offre à la connaissance, garantit à leur sens la solidité de la logique.

Mais d'autres ne peuvent éluder ainsi une moitié de la vie. Ils ne le voudraient pas. Simples fidèles du devoir auxquels les questions intellectuelles ne se sont jamais posées, hommes d'étude amenés par la contrainte des faits ou par la libre réflexion à reconnaître la primauté de l'action sur la pensée, ou de la pensée mise en acte sur la pensée purement abstraite, ils sont appelés à résoudre le problème de la destinée dans sa complexité : chercher la vérité, sans doute, mais encore vivre la vérité; au souci de la vérité de l'ordre théorique joindre celui de la vérité de l'ordre pratique. Éclairer des lumières du vrai les arcanes de la nature ; en éclairer aussi le jeu des forces de l'âme individuelle, et celui des forces de l'organisme social. Se trouver soi-même ; évoquer en soi la personne morale et travailler à l'évoquer en autrui ; progresser, à travers les obstacles d'une réalité rebelle, vers l'idéal de l'Homme et de l'Humanité !... Pour assurer la cohérence du système des idées, une idée peut suffire. Pour garantir l'épanouissement organique de la vie morale, une vie est indispensable. A qui veut, non seulement penser la vie spirituelle et la vivre à moitié, mais la penser et la vivre, ou simplement la vivre tout entière, Dieu s'impose comme la force qui fait vivre. Devant la grandeur de l'entreprise et la faiblesse des ressources dont il dispose, il comprend l'urgence du recours à un Auxiliaire. D'instinct, ou par un retour délibéré à l'instinct primitif de la foi, pour enrichir sa vie de cette Vie, il s'approche ; et sa seule attitude intérieure, ou le soupir de son âme à défaut de la parole de ses lèvres, poursuit l'immortel dialogue de la prière. Celui-là sait que Dieu est. Le témoignage de toutes ses facultés le lui affirme, avec d'autant plus de force qu'elles sont plus actives et plus activement de concert à la poursuite de la vie dans la vérité.

*

Si l'humanité n'était qu'intelligente, disait Renan, elle serait athée. Si elle était intelligente, avons-nous remarqué, elle aurait au moins la retenue du scepticisme. C'est le moment d'introduire en cette affirmation une seconde et décisive modification : Si l'humanité était très intelligente, si elle savait poursuivre jusqu'au bout l'exercice de ses facultés théoriques, elle reconnaîtrait à la base de son activité intellectuelle une garantie divine. Cette première démarche, — à travers la pensée, — l'amènerait à avouer la nécessité principielle de Dieu, et le fait qu'en réalité l'humanité vit de Dieu.

Parvenue à ce point, elle irait plus loin. Cette claire vision intellectuelle lui ayant montré en Dieu l'origine et la fin de toute vie spirituelle, elle voudrait vivre de lui. Elle suivrait les suggestions de la vérité reconnue ; elle agirait. Et si elle était active pour le plus haut idéal, cette seconde démarche, — à travers l'action, — l'amenant à l'autel de la prière, elle affirmerait Dieu de toute l'inébranlable conviction que donne le sentiment vécu de sa vertu garantissante.

# CHAPITRE IV

## LE MYSTÈRE DE DIEU

Le type de la valeur esthétique exclusive supposait une divinité immanente, inclue en la nature entière, causalité identique à celle de la nature, impersonnelle comme elle : puissance physique, ou, plus exactement, *endo*physique, que les termes Dieu ou Nature pouvaient indifféremment désigner. Nous l'avons remarqué, un type de divinité théorique, dont on chercherait en vain la réalité dans le vaste champ de la piété vivante. Il faut y voir le résultat de l'abstraction intellectuelle dans le sens où la dirigent les philosophies de l'infini, et le point extrême où la religion de tendance esthétique, ayant épuisé les conséquences de son principe, cesse d'être religion.

Le type de la valeur éthique exclusive supposait une divinité toute transcendante, distincte de la nature même quand on lui réserve un lieu parmi les objets de la nature, agissant sur elle, ou capable d'agir sur elle du dehors ; conçue sur l'analogie de l'Humanité idéale et de son art ; personnelle comme l'Homme avec lequel elle finit par se confondre : puissance métaphysique, ou, si l'on veut bien, en un terme plus précis, *exo*physique. Si fréquemment anthropomorphique que soit le sentiment religieux, on ne comptera pas au nombre de ses manifestations le simple culte de l'Humanité. La formule de ce dernier apparaît, ici et là, au point extrême de la réflexion. Elle ferme l'horizon des philosophies finitistes. Il est permis de douter que, plus que la précédente, elle puisse servir d'expression à la piété.

Les types existants résultent, avons-nous vu, d'une combinaison des valeurs, et supposent pour la divinité un intermédiaire entre l'immanence et la transcendance. Nous avons caractérisé comme anormaux, du point de vue du développement même de la religion, ceux où l'une ou l'autre des tendances prédomine trop nettement, accusant en Dieu soit l'immanence aux dépens de la transcendance et le concevant surtout comme Dieu d'Amour (au sens endophysique), soit la transcendance aux dépens de l'immanence et le concevant surtout comme Dieu Saint (au sens exophysique). Comment exprimer l'équilibre que réalise le Dieu d'Amour-saint, ou de Sainteté aimante, dont il semble bien que vive, au sein des christianismes divers, la religion conquérante de Jésus ? Ni immanent ni transcendant au sens absolu, et participant à la fois de l'immanence et de la transcendance qu'il doit unir, comme il unit l'amour et la sainteté, en un couple indivisible, que sera du point de vue de la philosophie criticiste telle que nous l'avons interprétée, sa relation avec le monde ? Où sera-t-il relativement au monde (question du temps et du lieu) ; comment agira-t-il sur le monde (question de la puissance) ; quelle analogie de forme présentera-t-il avec le monde (question de la personnalité) ?

### A. La position relativement au monde.

Le dieu immanent étendrait partout à l'infini, aussi loin que la nature infinie dans le temps et l'espace, sa présence matérielle. Le dieu transcendant du finitisme aurait sa place, à côté ou au sein de la nature envisagée comme finie, dans un autre espace et un autre temps homogènes à l'espace et au temps de la nature finie. Son indépendance à l'égard de cette dernière ne l'empêcherait pas d'être physiquement localisé, et sa présence, astreinte à certaines limites, serait encore en un sens matérielle. Il serait quelque part, et ses années se compteraient, comme le dieu immanent, dont les années ne se comptent pas, était partout matériellement présent...

Le Dieu Amour-saint ne sera pas partout dans le monde. Il ne sera pas davantage quelque part [1]. Il aura une position intermédiaire *sui generis* qui unisse la présence de l'immanence et l'absence de la transcendance, le partout du dieu Amour et le quelque part du dieu Saint. Son domaine, ce sera l'*éternité* au sens que l'idéalisme kantien permet de donner à ce terme. L'*en dehors* du monde de l'espace et du temps, l'indépendance, la supériorité à son égard ? Choisissons nos termes. L'*en*

[1] Prendre une fois pour toutes ces déterminations au double sens spatial et temporel à la fois.

*dehors* traditionnel dans l'exposition du kantisme est une expression dangereuse, qui en a faussé souvent l'intelligence en aiguillant la pensée vers le transcendantisme physique des finitistes. La relation du monde spatial et temporel à l'éternité, aux yeux de Kant, n'est *pas celle du même au même*, comme elle l'est pour ceux qui s'imaginent l'éternité composée d'un temps et d'un espace infinis, ou d'une infinité de temps et d'espaces ajoutés bout à bout. Elle est *celle d'un différent à un différent*, à savoir du monde et d'une réalité intemporelle et illocale qui n'est pas le monde. Et elle n'est *pas une simple juxtaposition arbitraire* d'éléments homogènes, ni leur concurrence en des plans différents, — les termes juxtaposition, concurrence, impliquent précisément la relation matérielle à écarter. Elle est l'*accompagnement mutuel organique* de réalités complémentaires l'une de l'autre, dont les métaphores empruntées au monde du temps et de l'espace ont une peine extrême à rendre compte. C'est le rapport du phénomène : univers interprété pour les besoins du savoir et de l'action technique dans sa quantité, selon les mesures de l'espace et du temps, au noumène : univers entrevu, pour la satisfaction du sens moral, esthétique et religieux, dans sa qualité, dans son sens, dans sa valeur inexprimable en fonction de l'étendue. Et nous avons vu que l'un est inconcevable sans l'autre, comme l'île est inconcevable sans l'océan, la lumière sans l'ombre, comme, ainsi que le dira Schleiermacher obscurément, le fini est inconcevable sans l'infini, et Gourd, avec une admirable clarté, le coordonné sans le coordonnable. — Et s'il en est ainsi, les difficultés traditionnelles de la question de la présence s'évanouissent. Dieu est-il dans le monde, dans la nature et dans l'histoire ? Selon l'aspect sous lequel on considérera la réalité, il y sera ou il n'y sera pas. Il n'y est pas, dira la science. Il y est, dira la foi. Et toutes deux auront raison et pourront s'accorder leurs raisons réciproques. Éclairées l'une et l'autre, elles se verraient amenées d'elles-mêmes à cet accord, parce qu'il est fondé en son principe dans l'esprit humain. Dieu n'est pas dans cette étendue matérielle de l'histoire ou de la nature que c'est le rôle de la science d'explorer, et, préalablement, d'ordonner ; il n'est ni confondu dans l'ensemble des forces de l'univers, ni force entre ces forces ; qu'on ne demande plus au savant de l'y trouver. Mais qu'on ne l'interdise pas davantage au croyant. En juste et saine pensée, rien n'empêchera Dieu de se trouver dans le monde de l'histoire et de la nature considéré selon sa qualité, dans le sens infini, dans l'interprétation nouménale que suppose l'élaboration même du phénomène quantitatif et fini.

Éternité nouménale. Présence spirituelle, disent les mystiques. Présence en esprit, dans l'esprit des temps et des lieux, et dont l'esprit saisit la plénitude ou sinon les vestiges, toute détermination locale ou temporelle, en la limitant, la restreindrait indûment. Quelque part ? de temps en temps ? Le sens religieux, qui s'y arrête dans ses débuts historiques et psychologiques, se contente de moins en moins, de la part de son Dieu, de cette parcimonie trop humaine. Partout ? toujours ? Sans doute. Mais un partout, un toujours que l'on aura soin de préserver, d'élever au-dessus de toute confusion avec l'immanence qui les lierait à l'étendue et à la durée matérielles du monde. Partout dans l'étendue, toujours dans la durée d'un monde même infini dans le temps et l'espace, pour Dieu, c'est encore un étriquement. Ce qu'il lui faut, c'est plus que partout et mieux que toujours, un *à propos de tout, un à l'occasion de tout,* que le mystique, conscient de l'incapacité des images empruntées au monde, préfère avec raison libérer de tout qualificatif. Pour lui, *Dieu est présent* ; plus bref, *Dieu est.* Il faut et il suffit qu'il soit ainsi, absolument, sans attache particulière à aucun temps et à aucun lieu, pas plus qu'à l'ensemble de tous les temps et de tous les lieux, pour que soit plus fermement assurée sa présence en tout temps et en tout lieu. Et c'est le seul souci qui inspire les affirmations des écrivains bibliques sur l'éternité divine[1]. Tout essai d'interpréter soit en faveur du transcendantisme, soit en faveur de l'immanentisme des images qui, tout en se prêtant à des exercices de ce genre, n'ont aucune prétention à la philosophie, ne réussira qu'à obscurcir le problème. L'intelligence avertie ne s'y laissera pas prendre, pas plus que le simple sentiment religieux : à la subsistance, à l'épanouissement normal de la vie spirituelle, il faut de la part de Dieu cette position intermédiaire que peuvent signaler dans le langage religieux la notion de présence mystique, en philosophie celle d'éternité nouménale.

[1] Cf. les belles *Études sur la doctrine chrétienne de Dieu*, de M. P. Lobstein.

### B. L'action sur le monde.

Dire de Dieu qu'il est éternité nouménale ou présence spirituelle, c'est se prononcer non seulement sur son lieu, mais encore sur son mode d'action. La puissance, a-t-on dit, n'est que « l'énergie des perfections divines » (Lobstein). Et comment se révéleraient ces dernières si ce n'est par leur énergie ? Au sens du croyant, l'éternité constitue avant tout une garantie. La seule présence spirituelle est déjà pour l'intuition religieuse une cause de sécurité, cause enveloppée si l'on veut, et dans son minimum d'effet. L'éternité était, en Dieu, la puissance au repos ; la puissance sera l'éternité en acte.

Essayons d'entrevoir la formule de sa relation avec le monde. Le Dieu parfait n'aura pas la toute puissance au sens où la lui donnerait l'immanence endophysique en l'identifiant avec la causalité naturelle : ce serait l'apanage du dieu Amour du panthéisme matérialiste. Il ne sera pas réduit à cette impuissance où le confinerait la transcendance exophysique absolue qui caractériserait, à l'extrême, le dieu Sainteté du théisme éthique. Son action, il faut la distinguer de la causalité physique, comme nous distinguions tout à l'heure l'éternité de la présence physique. *Pas un en dehors*, pas plus que l'éternité n'était un en dehors du monde de l'espace et du temps. De tels termes, encore une fois, prêtent à équivoque et risquent de ramener l'hypothèse nouméniste à un transcendantisme ; et la cause transcendante est encore, — quelque degré d'efficacité qu'on lui prête, — une cause physique, identique en son mode à toute autre cause physique. *Pas* davantage, et pour les mêmes raisons, *un en dedans,* qui nous maintiendrait dans l'immanentisme. Exophysitisme, endophysitisme, de part et d'autre nous resterions dans le domaine de la nature. Évitons toute confusion de ce genre. De même que la présence divine est, — saisi par le sens religieux, — un à propos de, un à l'occasion de la présence spatiale et temporelle, la puissance est, — appréhendée par la même faculté, — un *à l'occasion*, un *à propos de* de la causalité spatiale et temporelle. *Elle agit*, et voici qui lui confère une sorte d'immanence, *en connexion intime* avec cette dernière, et *par* elle, dans toute l'étendue de l'espace, dans tout le développement du temps ; elle a toute son efficacité. Mais, et en ceci elle aurait une sorte de transcendance, *elle ne s'épuise pas dans cet étalement* au sein du monde sensible. Enveloppée elle-même dans l'éternel, elle y résume les séries nécessaires, elle les domine, elle les fait servir à ses desseins : *elle est une intention de la causalité naturelle.* Et dès lors, sans s'opposer jamais à cette dernière, elle en tempère aux yeux du croyant la rigidité, elle en alibre la fatalité, elle en spiritualise la matérialité. Elle est précisément, ayant de l'immanence le pouvoir et de la transcendance l'indépendance, *la puissance libre spirituelle, la cause nouménale.*

L'hypothèse idéaliste, qui impliquait la possibilité de la liberté humaine en la représentant dans son union complémentaire avec la nécessité, devait nous offrir du même coup une notion acceptable de la puissance divine. Il y a en Dieu, garant de l'intuition mixte, une correspondance aux éléments complémentaires garantis ; à côté de quelque chose qui fonde la nécessité, quelque chose qui fonde la contingence, *une liberté.* Dieu, ayant avec la puissance de la causalité physique celle d'en user à son gré à telle intention particulière, est *libre.* Et voilà de quoi sortir des dilemmes traditionnels. Toute puissance ? Impuissance ? La difficulté ne se posait que dans l'illusion réaliste. Un monisme de l'intuition esthétique, identifiant Dieu à la nature, lui attribue nécessairement la toute puissance. Un monisme de l'intuition éthique, aboutissant à la religion de l'humanité, conclut nécessairement, à l'extrême, à l'impotence divine. C'est parce que l'un et l'autre ne laissent finalement aucune place concevable à aucune action divine particulière que s'est posée, en des termes qui devaient la rendre insoluble, *la question du miracle.*

La limitation matérielle du transcendantisme exclusif, — celui dont s'inspiraient plus ou moins consciemment, nous l'avons noté, les intuitions de la contingence et de la finalité dans l'argumentation scolastique, — supposait, à l'origine, un dieu partiellement puissant aux prises avec les lois de la nature ; il en infléchissait ou en brisait à l'occasion le cours pour faire place à ses opérations personnelles. On arrivait ainsi à la notion traditionnelle du miracle : *œuvre de Dieu contre la nature.* Mais le progrès de la conception réaliste de la science rendit la position intenable. La force qu'elle reconnaissait à la nature, elle l'enlevait à Dieu. Le jour devait venir où

Dieu, ne pouvant plus rien selon les uns, selon les autres ne voulant plus rien tenter contre l'ordre établi, renoncerait à la lutte. L'extension matérielle illimitée de l'immanence, telle qu'elle ressortirait de l'intuition esthétique, identifie l'action divine au cours de la nature tout entière. Elle permettrait le miracle en tant qu'*œuvre de Dieu ou œuvre de la nature indifféremment*, les deux termes Dieu et nature recouvrant la même universelle réalité. Cela revient, quelque terme que l'on choisisse, à nier au miracle tout caractère distinct, c'est-à-dire à le nier en principe. Si tout est miracle, rien n'est miracle ; si Dieu agit en tout, il n'agit en rien. Les thèses réalistes extrêmes s'équilibrent ainsi dans une même négation.

Dans l'intuition mixte, l'action de Dieu n'est pas restreinte à quelques faits prétendus contraires à la causalité de la nature : elle opère par toute la causalité de la nature. Elle ne se confond pas davantage avec toute l'œuvre brute de la nature : elle est une *œuvre de Dieu par la nature*, mais *à l'occasion de* cette dernière que l'intuition religieuse dépiste en elle. *Quelques faits*, un asservissement à l'impuissance? *tous les faits*, un asservissement à la toute puissance?... l'un et l'autre apparaissent indignes de Dieu. Dieu ne subit pas d'esclavage. Il importe au plus haut point à la garantie des valeurs qu'il n'en subisse aucun. Précisément, notre thèse, lui reconnaissant la liberté d'intention dans l'usage de toute la causalité physique, lui attribue la puissance absolue, ou la puissance libre, celle de quelques faits *ou* de tous les faits à son gré. Elle satisferait en cela encore au postulat de la piété, qui exige pour Dieu la possibilité d'actions particulières. Elle légitime, en les libérant de toute opposition avec la science, ces impressions de contingence et de finalité que les « preuves » essayaient lourdement de traduire dans le langage réaliste. Sortons donc du dilemme, et renonçons, pour mieux en reconnaître la liberté, à qualifier l'action divine. Comme le sentiment religieux exprime la plus forte affirmation de la présence divine dans le pur verbe *Il est*, quand il a dit : *Il peut agir*, *Il agit*, il a dit sur le pouvoir de Dieu le mieux qu'il pouvait dire.

### C. L'analogie formelle.

Éternité et puissance spirituelles, sous quelle forme se présentera le Dieu parfait ? Sera-t-il possible de l'entrevoir ? Marquons ici une profonde différence de principe : *Le monisme des réalismes leur permettrait, de la divinité, une détermination directe, dont le criticisme est incapable.*

Réaliste de l'intuition esthétique, compris moi-même dans l'universel règne de la nature-dieu, élément d'icelle et par là élément de la divinité, ce que je puis éprouver et ce que je puis exprimer : mes sensations et leur retentissement dans l'organisme, geste, mimique ou langage, c'est la représentation, sinon totale en étendue, — il y faudrait le concert de toutes les voix de l'univers, — à tout le moins immédiate et exacte de dieu. La parole humaine, — de préférence, pour qui ne recule pas devant les conséquences de l'empirisme, — en ce qu'elle offre de moins spécifiquement humain et dans son harmonie avec l'hymne de la nature, c'est la Parole même de la divinité immanente ; et elle peut servir à sa plus fidèle description (Spinoza).

Réaliste de l'intuition éthique, si j'admets un dieu, je ne puis le trouver que dans cette liberté que j'envisage comme le principe de toute réalité, et qui, personnifiée dans l'Homme, se trouve personnifiée en moi, homme. En moi-même, dans ces facultés spirituelles qui sont ce que j'estime le plus spécifiquement humain, et qui m'érigent en maître de la nature quand je les considère dans leur épanouissement idéal, j'ai Dieu. Ce que je pense, c'est Dieu qui le pense ; ce que j'exprime, c'est l'idée infailliblement adéquate de la divinité transcendante (Renouvier).

A ce privilège de l'expression directe, le criticisme doit renoncer. Mais le renoncement lui est rendu doublement facile par les déboires des réalismes. En effet, l'avantage de ces derniers n'est qu'illusoire. S'ils tiennent à leur principe, ce que leurs formules décrivent, strictement, c'est, sous le nom de Dieu, ou la nature ou l'humanité telles qu'elles sont, et cette parfaite identification fait la mort de la religion. Ils ont lâché, pour l'ombre vaine des définitions précises, la proie cherchée : ils renoncent à Dieu. S'ils tiennent à Dieu, c'est du principe que, sans s'en rendre compte, ils font bon marché. Le Dieu qu'ils décrivent sous les aspects d'une prétendue réalité c'est la Nature et l'Humanité, une réalité plus idéale que réelle, à laquelle le langage de l'immanence absolue et celui de la transcendance absolue ne s'adaptent plus exactement.

Nous l'avons vu, Dieu, pour les adhérents même les plus résolus de la valeur esthétique n'a jamais, dans le champ de la croyance, revêtu la figure brute du monde, pas plus que sa présence ou sa puissance n'étaient présence et puissance brutes du monde. La piété, en le divinisant, prêtait au monde une âme, une intelligence, une volonté fût-elle élémentaire, une spiritualité enfin qui seule lui donnait les attributs et la figure de la divinité. L'identification avec le monde impersonnel, où il semblerait que la piété esthétique dût arriver, est, dans la réalité, empêchée par un mouvement contraire vers une conception plus personnalisante. Dieu, pour la piété de la valeur éthique, n'a jamais la figure précise de la personne humaine. Il est, vous diront les docteurs de la tendance, personne humaine *excellentiori modo* (Thomas d'Aquin), constituée par les facultés de la personne humaine élevées à la puissance infinie, c'est-à-dire, a-t-on remarqué souvent, à un degré d'exaltation où la personnalité humaine ne saurait plus en être le siège, et où ce n'est plus d'une ressemblance directe qu'il peut s'agir, mais d'une simple analogie. Dieu est conçu comme personne humaine angélique ; si supérieure, qu'elle n'a plus rien de commun avec la personne humaine réelle. Qu'est-ce à dire sinon que, du point de vue de la seule notion de personne qui nous soit connue, c'est-à-dire, la nôtre, la personnalité divine commence à n'en être plus une. Il y a au sein de la piété éthique elle-même un mouvement qui l'éloigne de l'anthropomorphisme réaliste, et l'entraîne vers une conception moins strictement personnalisante...

Dieu impersonnel, Dieu personnel? la religion vivante,

observée avec quelque attention, adore un autre Dieu. Comme elle veut autre chose pour la présence et la puissance de Dieu que la présence ou la puissance de la nature ou de l'homme, elle cherche, pour se le représenter, autre figure que celle de la nature et autre figure que celle de l'humanité. La libre spiritualité que nous avons vue caractéristique de l'être divin ne saurait s'accommoder de formes ou si lourdes ou si étroites. Si donc le sentiment religieux y a recours, ce nonobstant, c'est qu'en son fond et sans toujours s'en rendre compte, il les idéalise, ou les spiritualise et les traite en métaphores.

Or le criticisme interprète cet instinct et en montre le bien fondé. La nature étant, de son point de vue, pour une part capitale, un arrangement introduit par l'esprit humain au sein d'une matière hors de lui inaccessible, nature et raison humaine sont devenues synonymes. Et il ne peut plus être question d'inférence directe de la raison-nature à Dieu précisément parce que Dieu, étant à la source de la vie spirituelle, est à la source de cette raison. C'est le motif pour lequel nous avons reconnu illusoire tout essai de démonstration rationnelle de l'existence de Dieu. Il vaut *a fortiori* contre tout essai de description rationnelle des perfections divines. Faite de Dieu, la raison ne saurait déterminer directement, de Dieu, ni l'être ni la manière d'être. Abstenons-nous donc, et des formules réalistes directes de toute philosophie de la nécessité, et des formules réalistes directes de toute philosophie de la contingence. Le langage que l'homme-Machine cérébrale applique au phénomène connaissable? il ne nous dépeindrait que le phénomène; celui dont l'homme-démiurge prétend revêtir l'inconnaissable noumène ? on ne peut parler sérieusement d'un langage de l'inconnaissable. Il nous reste, entre deux, entre la science et la chimère, correspondant aux facultés moyennes de l'homme tel que nous le concevons, la suprême et suffisante ressource du symbole, ou de la définition par analogie.

C'est dire qu'à partir de ce point où elle-même nous a amenés, la pensée strictement philosophique se récuse. Elle a dit de Dieu : source de la vie spirituelle, il est vie spirituelle. Pour le reste, il garde à ses yeux son mystère. Moïse déjà avait compris qu'il n'est pas dans les compétences de l'intelligence théorique de voir Dieu face à face, et qu'il doit nous suffire que le cœur en éprouve la bonté puissante (Exode XXXIII). Au cœur, et aux facultés d'invention qu'il inspire, de décrire plus avant cette Présence Active. Et l'imagination religieuse se donnera ici libre carrière. Elle empruntera ses symboles, nécessairement, à la nature et à l'humanité. Mais ses meilleurs tableaux seront ceux qui, cherchant une synthèse entre le physiomorphisme panthéiste et l'anthropomorphisme théiste des réalismes, borneront leur ambition à évoquer en Dieu le garant de la vie supérieure. On pourrait se borner à l'expression *Dieu vivant*, dont l'Ancien Testament use volontiers, si sa trop grande généralité ne risquait pas d'induire aux vieilles erreurs. La nature et l'humanité, dont les prophètes entendent bien distinguer le Créateur, sont vivantes elles aussi. Le Dieu qui n'est ni l'une ni l'autre, mais la source commune indifférenciée de l'une et de l'autre, doit présenter l'union féconde de la vie impersonnelle trop indéfinie de l'une et de la vie personnelle trop limitée de l'autre. Pour obvier à tout malentendu, il faudrait donc comprendre le *vivant* en cette acception, ou préserver le terme de toute autre interprétation appauvrissante en le complétant : le Vivant de l'Amour saint, de la vie spirituelle...

En se bornant à dire *Père*, Jésus parvenait par un chemin plus court au résultat désirable. On le reconnaitra sans trop de peine si l'on veut bien prendre au sérieux l'image évangélique. Si Dieu y est le Père, les hommes y sont les enfants, de préférence, et voici que l'on oublie trop souvent les *petits* enfants du Père. Jésus bénissait le Ciel de ce que les mystères de la religion, voilés « aux intelligents », fussent révélés « aux enfants ». « Le royaume de Dieu est pour ceux qui leur ressemblent, disait-il en bénissant des petits enfants ; si vous ne devenez comme eux, vous n'y entrerez pas. » On s'est scandalisé, parce que l'on ne comprenait pas. Au lieu de voir dans de tels propos la parabole d'une vérité à découvrir, on les prenait, assez grossièrement. pour une affirmation directe de la réalité : les hommes seraient-ils des enfants ? un retour à l'enfance intellectuelle et morale ne serait-il pas tout aussi irréalisable que le retour à la stature physique de l'enfance ?... Méprise à laquelle rien n'oblige. L'homme religieux peut fort bien être homme fait, volonté consciente, intelligence mûre ou en voie de maturité. Sa piété même l'achemine vers ce but idéal de la personnalité humaine. Et pourtant, tel un petit enfant devant son père, tel cet homme devant Dieu. Le dialogue de la créature avec le Créateur n'est pas celui de la personne humaine adulte à une personne divine restreinte à la mesure de la personnalité humaine ; il est celui de la personne humaine adulte à une divinité dont la personnalité plus excellente dépasse le concept même de la personnalité humaine, et telle que, si nous convenons de l'appeler encore personne, l'homme n'a plus droit à ce titre. Il sera, non le rapport d'une raison à une autre raison, mais, l'apanage supérieur de la raison étant conventionnellement attribué à Dieu, celui d'un instinct à une raison. Et alors, quelle analogie plus propre à le représenter que celle du petit enfant et de l'être vivant, père ou mère, père et mère en une unité pour lui assez indiscernable, dont il tient la vie ?

Que sont pour l'enfant le père, la mère ? Essentiellement une présence, et une puissance ; la présence et la puissance indispensables, celles que réclament toutes les aspirations de l'instinct vital. — Force toujours là, et agissante en tout ?... là à temps, assez souvent et assez longtemps, assez efficace pour que l'enfant vive. Et cela suffit. — Force personnelle ? Vaine question. Quelle idée l'enfant se ferait-il de la personnalité ? La vie qui lui a donné l'existence a en elle de quoi la lui conserver, en la développant, selon les exigences accordées de la matière et de l'esprit, dans le sens de l'humanité. C'est tout ce qu'il faut. L'organisme nourri, l'intelligence éclairée dans la mesure où elle peut l'être, et, pour le reste, satisfaite du traditionnel : « tu le sauras plus tard », consolé de ses peines, corrigé dans ses écarts, il accepte avec reconnaissance, instinctivement averti qu'ils lui sont nécessaires, le lait du sein et l'appui de la main, les caresses et les contraintes élémentaires du premier dressage physique, les réprimandes utiles à l'éducation morale et les réponses, suffisantes ou non de son point de vue, aux curiosités de l'esprit en éveil... En toute famille normale il s'abandonne, avec la même confiance émouvante d'imperturbabilité, aux soins de la vie qui veille sur sa vie.

Ainsi, toutes proportions respectées, le croyant à l'égard de Dieu.

Il n'a pas cherché à abolir l'œuvre des années pour un impossible retour à l'enfance. Sa personnalité s'est développée, dans le sens de ses virtualités intimes, selon les circonstances. Il est de son âge et de son temps. Il peut être l'intelligence capable de déchiffrer la nature et de lui imposer les lois de son langage, la conscience sensible aux injonctions les plus nuancées du devoir, la volonté majeure et décidée à réaliser la vie spirituelle ainsi théoriquement comprise, en un mot la personnalité la plus digne de ce nom. Ce nonobstant, — au contraire grâce à cela, — parce que son ambition de vivre dignement lui a révélé, avec l'existence essentielle d'un inconnaissable grandissant, les difficultés pratiques de la vie spirituelle, il a découvert Dieu, le Dieu mixte dont la double puissance sur la matière et sur l'esprit rend seule l'humanité possible.

Du même coup, il en a découvert le mystère, et que les formules dans lesquelles il cherche à l'enserrer ne sont que purs balbutiements. Il en prend son parti. Ce n'est pas découragement intellectuel. C'est le conseil d'une intelligence amenée d'elle-même, par son travail et au bout de son travail, à cette conclusion. Il *sait*, il *comprend* qu'il en doit être ainsi. Renonçant donc à saisir par définition directe la Force initiale, il lui suffit qu'elle manifeste assez de présence, assez de puissance pour que la vie spirituelle subsiste, progresse et triomphe.

Ainsi, source doublement féconde et inépuisable de la vie humaine, puissance cachée que la vie humaine, précisément parce qu'elle en dépend tout entière, est incapable de réduire aux formules de son analyse intellectuelle et à laquelle seule l'allégorie pouvait trouver un nom, il n'y avait, pour répondre à notre désir de l'adorer, pas d'enseignement analogique qui convînt mieux à l'indéfinissable réalité que de nous amener à dire :

« *Notre Père...* »

★

NOTRE PÈRE

A TOI LA GLOIRE DANS TOUS LES SIÈCLES.

AMEN.

---

# TABLE DES MATIÈRES

INTRODUCTION

## LE PROBLÈME DEVANT LA PENSÉE



---

PREMIÈRE PARTIE

## LA CROYANCE EN DIEU

---

SECONDE PARTIE

## LA RÉALITÉ DE DIEU

---

## CHEZ LES MÊMES ÉDITEURS

---

*Le Problème de Dieu*, par Maurice NEESER, Dr en théologie. 1 vol. in-12 . . . . . . . . . . . . . . . . Fr. 2 50

---

*La Religion hors des limites de la raison*, traits principaux d'une philosophie de la religion sur les bases du kantisme. 1911, par Maurice NEESER, Dr en théologie . . . . Fr. 5 –

*Frédéric Godet, 1812-1900*, d'après sa correspondance et d'autres documents inédits, par Philippe GODET. 1 vol. in-8 avec un portrait et 32 gravures, 7 fr. 50 ; relié . . . Fr. 10 —

*Arnold Bovet*, sa vie, son œuvre, par Pierre DIETERLEN, 2e éd. 1 vol. in-12, avec portrait, 3 fr. 50 ; relié . . . . Fr. 4 50

*Une âme vaillante. Souvenirs d'Hortense Ray*, par Joseph AUTIER, 4e éd., avec portraits. 1 vol in-12, 3 fr. 50 ; rel. Fr. 4 75

*Le Dr Barnardo et son œuvre*, par D. JOURDAN. 1 vol. in-12 broché . . . . . . . . . . . . . . . . Fr. 2 50

*Archéologie de l'Ancien Testament. L'Ancien Testament a-t-il été écrit en hébreu?* par Ed. NAVILLE, professeur. 1 vol. in-8 relié . . . . . . . . . . . . . . . . . . . Fr. 5 —

*Au delà ! A tous ceux qui souffrent et qui pleurent*, par Ph. VINCENT. Élégante brochure in-16 . . . . . . Fr. 0 30

*Souviens-toi !* Prie ! Veille ! Travaille ! Conseils aux catéchumènes, par Ernest MOREL, past. Relié 0 fr. 80 et . . Fr. 1 —

*Le Pilote du Ciel*, par Ralph CONNOR. Traduction libre de Joseph AUTIER. 1 vol in-12, 3 fr. ; relié . . . . . . . . Fr. 4 25

*Paraphrase de trois livres du Nouveau Testament : Corinthiens, Saint Jean, Saint Luc*, par E. MONOD, pasteur. 1 fort vol. in-8 . . . . . . . . . . . . . . . . . . Fr. 7 50

*Tous chargés d'âmes !* par Charles RITTMEYER, pasteur. Etude sur la parabole des Talents. Relié . . . . . . . Fr. 2 75

*Notre Modèle ou Que ferait Jésus?* par Ch.-M. SHELDON, trad. de Joseph AUTIER, 2e éd. 1 vol. in-12, 2 fr. 50 ; rel. Fr. 3 75

---

## ŒUVRES DE GASTON FROMMEL

*Études littéraires et morales* (2e éd.) . . . . . . . Fr. 3 50

*Études morales et religieuses* (3e éd.) . . . . . Fr. 3 50

*Études religieuses et sociales* (2e mille) . . . . . Fr. 3 50

*Études de théologie moderne* . . . . . . . . Fr. 4 —

*Lettres et Pensées* . . . . . . . . . . . . . Fr. 3 —

*La vérité humaine.* Un cours d'apologétique, Ire partie : *Quel homme suis-je?* . . . . . . . . . . . . . Fr. 4 —

— IIe partie : *Quel homme je suis* . . . . . . . . Fr. 4 —

— IIIe partie : *Les problèmes intellectuels* . . . . Fr. 4 —

---

*Gaston Frommel, 1862-1906*, par Georges GODET. Notice biographique avec un portrait (2e éd.). 1 broch. in-12. Fr. 1 —

---

www.ingramcontent.com/pod-product-compliance
Ingram Content Group UK Ltd.
Pitfield, Milton Keynes, MK11 3LW, UK
UKHW012214240726
13966UKWH00002B/755

9 782012 832091